W0207320

Philosophies

Jacques **de Coulon** • Photographies Michel **Roggo**

Philosophies

365 graines de sagesse à cultiver

Préfaces de Jean-Louis **Servan-Schreiber** et de Pascal **Lainé**

jouvence
EDITIONS

Maquette et mise en page : Éditions Jouvence
Conception graphique : Stéphanie Roze
© Crédits photographiques : Michel Roggo
© Éditions Jouvence, 2008
ISBN : 978-2-88353-686-9

Tous droits de traduction, reproduction et adaptation réservés pour tous pays

Sommaire

Préfaces

S'épanouir en bonne compagnie

Allons-nous voir, au cours du siècle, la psychologie et la philosophie se rejoindre ?
Ce bel album de Jacques de Coulon en est un jalon précurseur. Son titre ne dit pas tout : *Philosophies* pourrait annoncer un recueil un peu aride de connaissance.
Mais l'auteur, universitaire capé, nous aborde main tendue : *« La philosophie est d'abord un art de vivre basé sur un choix d'existence mûrement réfléchi. »* C'est bien ce que pensaient les « amoureux de la sagesse » qu'étaient Platon, Aristote ou Sénèque. Ils étaient convaincus qu'on a plus de chances d'être heureux si l'on tente de penser sa vie. Après eux, c'est devenu compliqué. L'Église n'aimait guère la philosophie. Pour elle, le seul art de vivre qui vaille se trouvait dans la foi et les Évangiles. Sorti de là, hérésie. Pour survivre, la philosophie est devenue savante. Elle a mis des siècles à redescendre vers nous. Sa cousine, la psychologie semble aujourd'hui bien placée pour l'y aider.

Pour l'instant psycho et philo évoluent encore dans des univers différents. La psycho a pour but d'expliquer et d'améliorer nos comportements. Elle peut nous aider dans nos relations aux autres comme dans l'éducation de nos enfants. Elle ne cesse d'avancer de nouvelles explications sur les raisons de nos attitudes et suggère de nouvelles méthodes pour retrouver une vie harmonieuse. Elle observe, elle expérimente, elle avance avec pragmatisme, elle colle au terrain.

La philo réfléchit, elle analyse la condition humaine, elle essaie de penser ce qui fonde notre présence au monde : l'univers, la mort, le temps, l'éthique, tout ce qui nous est commun quelles que soient nos origines, notre sexe ou notre parcours dans la vie. La philo part du réel pour en tirer des idées tandis que la psycho élabore des pratiques pour modifier le cours de nos existences.

Le champ d'application de la psycho est l'individuel tandis que la visée de la philo est l'universel. Elles se sont longtemps snobées, les philosophes trouvant les psychologues trop terre à terre et ces derniers estimant les philosophes bien intellectuels et loin de la vraie vie. Pourtant elles ont une raison d'être identique : nous aider à mieux vivre notre parcours terrestre. Dès qu'elles s'en éloignent, elles perdent leur sens, la philo s'égare dans l'épistémologie et la psycho dans la quantification sociale.

En choisissant des citations de philosophes, de l'Antiquité à Etty Hillesum, Jacques de Coulon ne cherche pas à nous instruire, juste à nous faire réfléchir. Il nous propose de « devenir nous-mêmes, de nous épanouir ». Une promesse dont ne s'embarrassaient pas les Kant ou les Hegel. La psycho est passée par là ; chacune des citations du livre est suivie d'une question directe : *« Quelles sont les connaissances vaines qui encombrent votre esprit ? – Êtes-vous d'accord avec ce principe de Descartes ? Vous comportez-vous ainsi ? »* Ce n'est pas un test, il n'y a pas une bonne réponse, seulement l'ouverture d'un dialogue avec chacun de nous.

Je suggère au lecteur de commencer par une découverte du sommaire. Il y trouvera des questions qui le concernent, qui l'interpellent, qui piquent sa curiosité : *« Comment élargir mon point de vue ? De quoi ai-je besoin pour grandir ? Dois-je me laisser guider par la seule raison ? »*

Philosophies est illustré des photos de Michel Roggo, un amoureux de la nature et des animaux. Un moyen de plus de nous rapprocher du réel, de nous ancrer autant dans les saisons et la glaise que dans les concepts et les idées. Les animaux, eux, ne philosophent pas, pourtant ils savent vivre et nous donnent souvent l'impression d'être plus à l'aise que nous dans le monde.
Un album moderne qui vise à l'utile sans perdre sa noblesse !
À titre personnel, les meilleurs psychologues ou philosophes ont compris qu'ils avaient besoin les uns des autres pour compléter leur vision et leur pratique. Jacques de Coulon est de ceux-là. Il a voulu faire de *Philosophies* une passerelle entre deux disciplines et, pour nous, une invitation à méditer notre vie en suivant sans effort les esprits les plus civilisés qui nous ont ouvert le chemin.

Jean-Louis Servan-Schreiber,
Président de *Psychologies Magazine*

Jacques de Coulon ou le semeur de sagesse

Jacques de Coulon pratique volontiers la parabole. En bon pédagogue, il cherche dans le terreau de la vie quotidienne, parmi les objets les plus prosaïques, ces « graines de sagesse » qu'il nous invite à cultiver.

À l'instar de Monsieur Jourdain, qui parlait en prose sans y avoir jamais songé, chacun de nous est un philosophe qui s'ignore ou qui se cherche. La réponse à notre questionnement se déchiffre, dit-on, dans quelques livres mémorables, dans les propos de quelques sages dont la pensée honore l'espèce humaine. Mais livres et philosophes ne nous révèlent rien d'autre que cette simple vérité : unique et multiple, claire et pourtant mystérieuse, la réponse à notre éternelle interrogation est partout à la fois, équitablement répartie entre toutes les créatures de ce monde, et probablement si évidente qu'on ne la voit pas.

Voir ! Observer ! Apprendre surtout à retenir tout ce qui peut rompre le demi-sommeil paresseux de l'habitude et de l'irréflexion ! C'est à quoi nous invite d'abord Jacques de Coulon. Voir, non pas l'« invisible » ou telle entité mystérieuse qui dépasserait l'entendement humain, mais remarquer enfin ce que d'ordinaire on ne regarde pas, ce qui est trop infime pour mériter ou seulement susciter notre attention.

D'où le rôle capital des images de Michel Roggo dans l'ouvrage de Jacques de Coulon, un « beau livre » dans tous les sens du terme. Les photos qu'on y regarde avec délectation nous font découvrir le « presque rien » chatoyant de la vie elle-même. De la sorte, elles font mieux qu'illustrer le propos du philosophe : elles réalisent effectivement sa doctrine, la mettent en pratique de la façon la plus délicate. La toute première image, que nous offre la couverture, montre l'éphémère, ce modeste insecte auquel nul ne prête attention, mais qui, par son nom même, nous rappelle que nous sommes destinés à disparaître presque aussi vite que lui. En regard de l'éternité, certes, un siècle vaut un jour, et une vie humaine vaut celle de la créature la plus fragile. Mais le livre de Jacques de Coulon nous enseigne que, réciproquement, une seule minute de sagesse et de sérénité vaut bien un siècle du temps indifférent et mécanique de l'horloge.

Jacques de Coulon est un philosophe éclectique, cueillant ses graines de sagesse chez les maîtres les plus éloignés les uns des autres, par les siècles ou par leurs cultures respectives. Doué d'une véritable intelligence synthétique, il nous montre comment les pensées en apparence les plus étrangères les unes aux autres convergent naturellement, ou comment elles s'élèvent toutes vers la pointe d'une seule et même pyramide.
Mais le plus caractéristique de ce livre, comme de tout l'enseignement de Jacques de Coulon, est l'extrême attention au vécu, aux expériences les plus simples qui, toutes, contiennent leur « graine de sagesse ». Il dénonce avec force la prose terne du monde moderne, voué à la marchandise, au calcul, polluant les esprits aussi bien que notre planète par l'accumulation de faux progrès et par un mauvais usage des plus belles inventions.
Comment ne pas regretter que les écrans, celui de l'ordinateur ou celui de la télévision, soient devenus des instruments de pur divertissement, voire d'abrutissement ? Comment ne pas noter avec tristesse qu'il y a plus d'intelligence dans la plus modeste pièce de ces appareils complexes que dans les propos et les images qu'ils servent bien trop souvent à répandre, à la façon exactement dont les voitures ou les cheminées d'usines répandent leurs poisons dans l'atmosphère ?
Le philosophe oppose à cette prose, devenue l'instrument de prédilection de l'esclavage consumériste, l'exigence de liberté qui, même brimée, demeure en chacun de nous.
La méditation de Jacques de Coulon nous entraîne sur un chemin qui, de l'empire tout-puissant de la marchandise (cette *doxa* d'aujourd'hui, oserais-je commenter),

conduit à la vie libre et à la poésie. Or ce chemin n'est pas escarpé, ne présente aucun obstacle par lui-même. Nous serions nos propres ennemis à ne pas vouloir nous y engager. La philosophie n'est pas de l'ordre du calcul aride ni même du seul intellect, mais nous enseigne que l'intelligence la plus fine contribue à nous inscrire parmi nos semblables, parmi les êtres en général et parmi les simples choses du monde.

Le sage est aussi finalement poète. L'Être, que bien à tort je croyais percevoir hors de moi, m'environnant et, parfois, me menaçant, n'est pas simplement le donné, le réel, ni davantage ce monde qu'on s'emploie à refaçonner sans trêve. Il procède, d'instant en instant, en revanche, de ma propre inscription parmi les créatures.
Cette « poésie première » du monde (qu'on appelle d'ordinaire « philosophie première » ou métaphysique), les très belles images de Michel Roggo nous la font déjà pressentir, comme je l'ai suggéré plus haut, guidant nos premiers pas sur le chemin de la méditation. Les créatures qu'il nous montre sont souvent diaphanes, parfois infimes, parfois même invisibles à l'œil nu : elles représentent la dimension sensible et la trame, la vraie texture de l'être. Il ne tient qu'à nous de nous réconcilier avec notre propre nature. La philosophie ne nous propose rien d'autre que de cultiver ces « graines de sagesse » qui sont déjà en nous. Elles attendent depuis le jour de notre venue au monde ? Non pas ! Elles patientent depuis l'aube des temps. C'est notre part d'éternité qui va naître d'elles.

Pascal Lainé,
Écrivain, prix Goncourt

Introduction

Ce livre propose un itinéraire philosophique pour devenir soi-même et s'épanouir progressivement en suivant le rythme naturel des saisons et des mois. Sous la conduite de guides expérimentés, vous parcourrez quatre étapes principales : *en attente de soi* (hiver), *vers soi* (printemps), *en soi* (été), *vers l'autre* (automne). L'année symbolise ici une vie humaine, avec ses questions essentielles, ses rites de passage, ses tâtonnements et ses accomplissements. Chaque jour vous serez amené à cultiver une graine de sagesse semée par un philosophe. Ces pensées assorties d'une question ou d'un exercice sont conçues comme un noyau d'énergie, propre à changer votre regard sur le monde et votre manière de vivre.

La vie est courte et il convient d'en faire bon usage. Mais que signifie « bien vivre » ? Tous les philosophes ont tenté de répondre à cette question en traçant différentes voies. La philosophie est d'abord un *art de vivre* basé sur un choix d'existence mûrement réfléchi. Elle ne se contente pas d'informer : elle forme et elle transforme. Pour les Anciens, elle se présentait comme une école de vie. Ce n'est que plus tard qu'elle est devenue « servante de la théologie », utilisée surtout pour commenter les textes sacrés. Depuis lors, elle apparaît comme une affaire de spécialistes se confinant dans les hautes sphères universitaires et adoptant un jargon incompréhensible pour le commun des mortels. Mais la philosophie n'est pas qu'un discours savant : elle concerne tout le monde puisqu'elle offre des pistes pour vivre plus consciemment et plus heureux. Telle est sa mission première et c'est dans cette perspective que nous l'aborderons.

Une optique qui implique un *travail sur soi* en vue d'une clarification et qui comprend des exercices. Bref, la philosophie s'incarnera dans l'existence ou ne sera pas.

Étymologiquement « philosophie » signifie « amour de la sagesse ». Le philosophe ne prétend pas être un sage accompli. Il n'assène pas des vérités absolues. Il commence par s'interroger et il ouvre un espace pour la réflexion. Un espace de liberté. Vous constaterez au fil des jours que les philosophes ne sont pas toujours d'accord entre eux. Heureusement ! La pluralité des points de vue manifeste la richesse de l'humanité et stimule le questionnement. Imaginez que tous soient d'un même avis ! Quel ennui ! On ronronnerait dans la pensée unique.

Laissez-vous décaper ! Vos « vérités » seront mises à l'épreuve du feu et c'est souvent grâce à la position opposée que s'opère le changement. Mais au fait, d'où viennent-elles, vos « vérités » ? Cet ouvrage fournit 365 cartes pour remettre votre vie en jeu en les brassant autrement. Si vous vous sentez déstabilisé en méditant certaines citations, tant mieux ! Car qui vous dit que votre pseudo-stabilité n'est pas bâtie sur des sables mouvants, sur les terrains vagues de la *pensée molle,* du politiquement correct ou des *a priori* ?

Puisse ce livre vous aider à abattre vos meilleures cartes !

Bonne année et bon voyage.

Jacques de Coulon

Comment méditer une citation ?

Bienheureux celui qui a acquis un trésor de divines pensées.

Empédocle

1. **Comprendre :** abandonnez vos idées préconçues en essayant de vous mettre à la place de l'auteur pour saisir ce qu'il a voulu dire. Vous pouvez paraphraser son texte et le réécrire avec vos propres mots.
2. **Interpréter :** demandez-vous en quoi une citation vous concerne et ce qu'elle peut changer dans votre vie. Vous vous l'appropriez en vous l'incorporant. Le texte s'enrichit alors de toutes les interprétations que ses lecteurs en font. Mais cette deuxième phase présuppose la première, sinon vous passeriez à côté de l'intention de l'auteur et vous le verriez dans le miroir de votre ego.
3. **Intérioriser :** après vous être détendu en prenant conscience de votre corps puis de votre souffle, remémorez-vous la phrase : répétez-la mentalement en y associant une image, inspirée par exemple des photographies de Michel Roggo. Vous revivez l'aphorisme à l'intérieur de vous en élaborant votre propre scène et en vous y impliquant comme acteur. Souvenez-vous que la parole est créatrice, comme le dit Maître Eckhart : on peut opérer des merveilles avec la parole.

Hiver

En attente de soi : dépouillement et gestation

Je pense donc je suis.
René Descartes

Janvier

Élaguer : remise en question et libération

Janvier : après les fêtes et les excès de consommation, on a besoin de s'alléger pour revenir à l'essentiel. La neige qui recouvre tout de son manteau immaculé n'est-elle pas le symbole de cette nécessaire purification ? Les branches mortes ont été coupées pour être brûlées dans la cheminée. Ce bois soumis au feu représente tout ce qui nous encombre : les possessions superflues, les vieux schémas, les rôles que nous nous attribuons… Notre moi a grossi en s'identifiant à mille contenus qui l'alourdissent et l'obscurcissent. Nous sommes devenus un bloc informe qu'il s'agit de sculpter pour retrouver notre vraie nature. Sans ce travail d'élagage, ce bloc risque de se transformer en pierre tombale : nous mourrons avec nos identités éphémères en oubliant la luminosité cristalline du vrai moi.

Au mois de janvier, on prend aussi de bonnes résolutions pour l'année à venir. Chacun veut se renouveler pour repartir d'un bon pied. Vous apprendrez à vous désencombrer pour devenir vous-même et à surmonter la peur de la mort qui empoisonne l'existence. Toute philosophie présuppose une remise en question, comme nous le montre Descartes. En ce début d'année, voici deux questions fondamentales puisqu'elles concernent la vie et la mort :

1. Qu'emporterez-vous dans votre tombeau, après votre décès ? Vos avoirs ? Vos titres ?
2. La vie vaut-elle la peine d'être vécue et, si oui, pourquoi ?

En vous interrogeant ainsi, vous irez tout droit à l'essentiel et vous cesserez de vous agiter pour des riens.

Héraclite voyait la présence des dieux dans le feu dont les flammes s'élèvent vers le ciel. Vous êtes-vous déjà occupé d'un feu, de votre *propre* feu ? En brûlant vos vieilles écorces – votre carapace – il vous libère des fardeaux du passé et du matérialisme crasse. Cette combustion n'est-elle pas le moteur de votre progression dans la vie ?

Exercice du mois : le vent qui chasse les nuages

- Assis ou couché, prenez conscience de votre corps en l'habitant de bas en haut : pieds, genoux, bassin, dos, mains, bras, épaules, cou, tête.
- Sentez votre souffle dans l'abdomen, dans la poitrine, puis dans le nez.
- Observez l'espace frontal et la légère luminosité qui filtre de l'extérieur à travers vos paupières fermées et détendues.
- Visualisez le ciel sous votre voûte crânienne : actuellement il est encombré de nuages sombres symbolisant tous vos soucis et vos identités factices, tout ce dont vous avez envie de vous débarrasser.
- Inspirez en vous représentant le soleil au-delà des nuages, puis expirez en imaginant votre souffle comme un fort vent chassant progressivement les nuages de votre ciel intérieur. Répétez plusieurs fois cette respiration. À la fin de l'exercice, vous vous trouvez sous un ciel d'azur et l'astre du jour brille au zénith. Inspirez sa lumière et, sur l'expiration, diffusez-la dans tout vote être.

Se désencombrer : comment m'alléger ?

Fais comme le sculpteur : il enlève, il gratte, il polit, il nettoie jusqu'à ce qu'il fasse apparaître un beau visage dans la statue. Toi aussi, enlève tout ce qui est superflu et ne cesse de sculpter ta propre statue.

Plotin

Quel est ce superflu qui vous masque le vrai moi ?

Il faut que tu veuilles brûler dans ta propre flamme : comment voudrais-tu te renouveler sans t'être d'abord réduit en cendres ?

Friedrich Nietzsche

Cette flamme qui brûle en vous, que symbolise-t-elle et d'où vient-elle ?

Ce qui ne brûle pas dans l'huile de l'amour est une fausse lumière.

Angelus Silesius

En quoi l'amour attise-t-il la flamme ? Que brûle-t-il en vous ?

Comment ne rougis-tu pas de mettre tes soins à amasser le plus d'argent possible et à rechercher la réputation, tandis que de ta raison, de la vérité, de ton âme qu'il faudrait perfectionner, tu ne daignes en prendre aucun soin ?

Platon

Avoir ou être : telle est la question. Que signifie « prendre soin de soi » ?

Les chagrins et les infortunes tirent leur principale origine d'un amour excessif pour une chose soumise à de nombreux changements et que nous ne pouvons posséder entièrement.

Baruch Spinoza

Trouvez des exemples de cette affirmation dans votre vie. À quoi bon vous cramponner aux objets ou aux êtres qui ne font que passer ?

Purifier l'âme, c'est la séparer le plus possible du corps et l'habituer à se recueillir en elle-même, à vivre seule avec elle-même, dégagée du corps comme d'une chaîne.

Platon

Pour Platon, l'attachement au corps et aux plaisirs de la chair empêche d'être vraiment soi-même. Il faut donc se libérer de cet asservissement. Mais comment procéder concrètement ?

Un peu d'hygiène mentale, que diable ! Ton imagination, tes émotions intérieures, etc. sont le grand océan sur lequel tu dois conquérir de petits lambeaux de terre, toujours menacés de submersion.

Etty Hillesum

Comment libérer en soi de petits coins de terre ferme ?

Libre de quoi ? Qu'importe cela à Zarathoustra ! Mais ton œil clair doit m'annoncer : libre pour quoi ?

Friedrich Nietzsche

Focalisez-vous sur l'avenir, sur l'horizon qui se dégage et non sur les débris du passé ! C'est la réalisation de vos projets qui brûlera ces détritus.

Se remettre en question : de quelles illusions me libérer ?

Je désappris même ce que j'avais cru savoir jusque-là sur beaucoup de choses.

Platon

Quelles sont les connaissances vaines qui encombrent votre esprit ?

J'ai fait vœu de pauvreté en matière de connaissance.

Edmund Husserl

En quoi consiste ce vœu de pauvreté ?

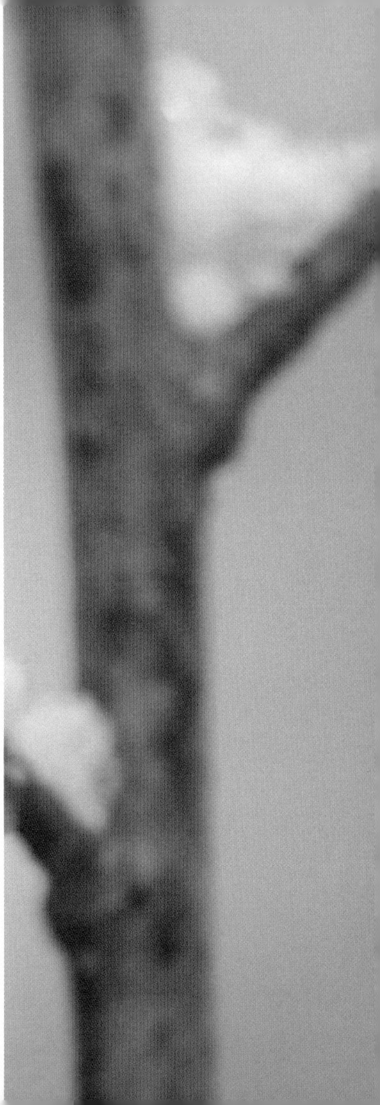

Il me fallait entreprendre sérieusement une fois dans ma vie de me défaire de toutes les opinions que j'avais reçues jusques alors en ma créance, et commencer tout de nouveau dès les fondements.

René Descartes

Avez-vous en vous des opinions toutes faites qui n'ont pas passé au filtre de l'analyse ? D'où viennent-elles ?

Que de loisirs il gagne celui qui ne regarde pas à ce qu'a dit le voisin, à ce qu'il a fait ou pensé, mais à ce qu'il fait lui-même afin que son acte soit juste.

Marc-Aurèle

Que d'énergie et de temps perdus à se préoccuper de l'opinion des autres. Remémorez-vous une situation où vous avez fait fi du qu'en-dira-t-on et où vous avez agi de façon juste.

La vie est si curieuse, si surprenante, si nuancée, et chaque tournant du chemin nous découvre une vue entièrement nouvelle. Il faut s'affranchir intérieurement de toutes les représentations convenues.

Etty Hillesum

Quelles sont en vous ces « représentations convenues » et quelle attitude adopter pour avoir une « vue entièrement nouvelle » sur le monde ?

Tout ce que j'ai reçu jusqu'à présent pour le plus vrai et assuré, je l'ai appris des sens ou par les sens. Or j'ai quelquefois éprouvé que ces sens étaient trompeurs.

René Descartes

Vos sens vous ont-ils parfois trompé ? Qu'est-ce qui est plus sûr que l'impression sensorielle ?

Ce que nous désignons par un mot ne porte jamais ce mot, à titre de nom, accroché sur lui comme un écriteau.

Martin Heidegger

Quand je nomme un être, je lui colle une étiquette et je l'enferme dans mon concept. En quoi le nommé dépasse-t-il toujours le nom que je lui attribue ?

Ce dont on ne peut parler, il faut le taire.

Ludwig Wittgenstein

Libérez-vous des vaines conjectures, des paroles inutiles !

S'étonner :
comment renouveler mon regard sur le monde ?

C'est l'étonnement qui poussa les premiers penseurs aux spéculations philosophiques. Or, apercevoir une difficulté et s'étonner, c'est reconnaître sa propre ignorance.

Aristote

Ne vous contentez pas d'être des consommateurs d'informations. Apprenez à vous étonner face à tel phénomène ou telle situation en vous posant des questions. Les plus naïves sont souvent les meilleures.

Le questionnement dégage le terrain pour que, dans cette exigence de la question, l'être puisse éclater. C'est le questionnement qui nous déplace vers un espace ouvert à condition qu'il ouvre une nouvelle dimension.

Martin Heidegger

Faites l'expérience d'un questionnement qui ouvre à une nouvelle dimension.

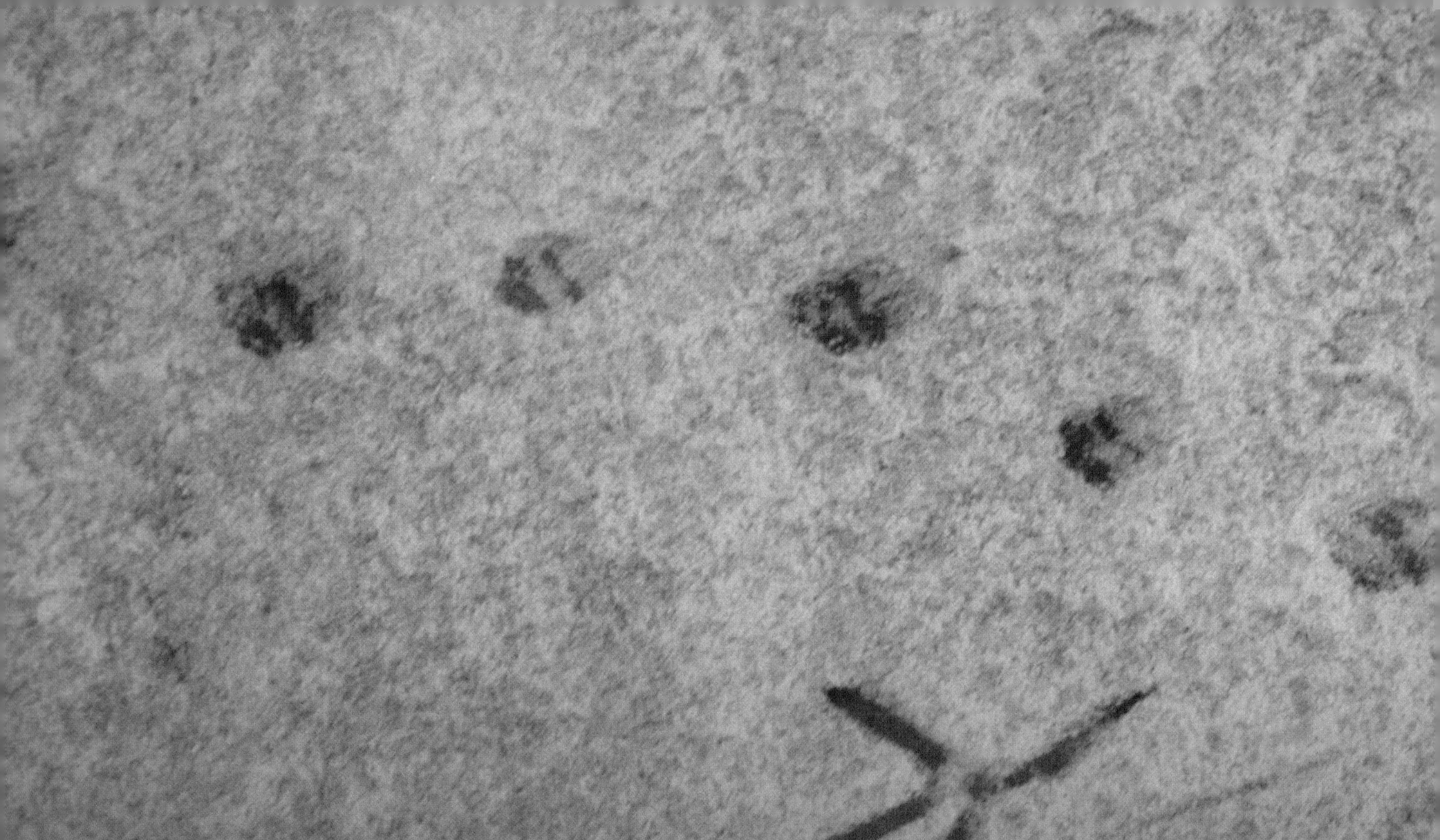

Si une question se peut absolument poser, elle peut aussi trouver sa réponse.

Ludwig Wittgenstein

Toute question clairement formulée trouvera sa réponse car elle la contient déjà en puissance. Apprenez donc l'art de poser les bonnes questions. Mais qu'est-ce qu'une bonne question ?

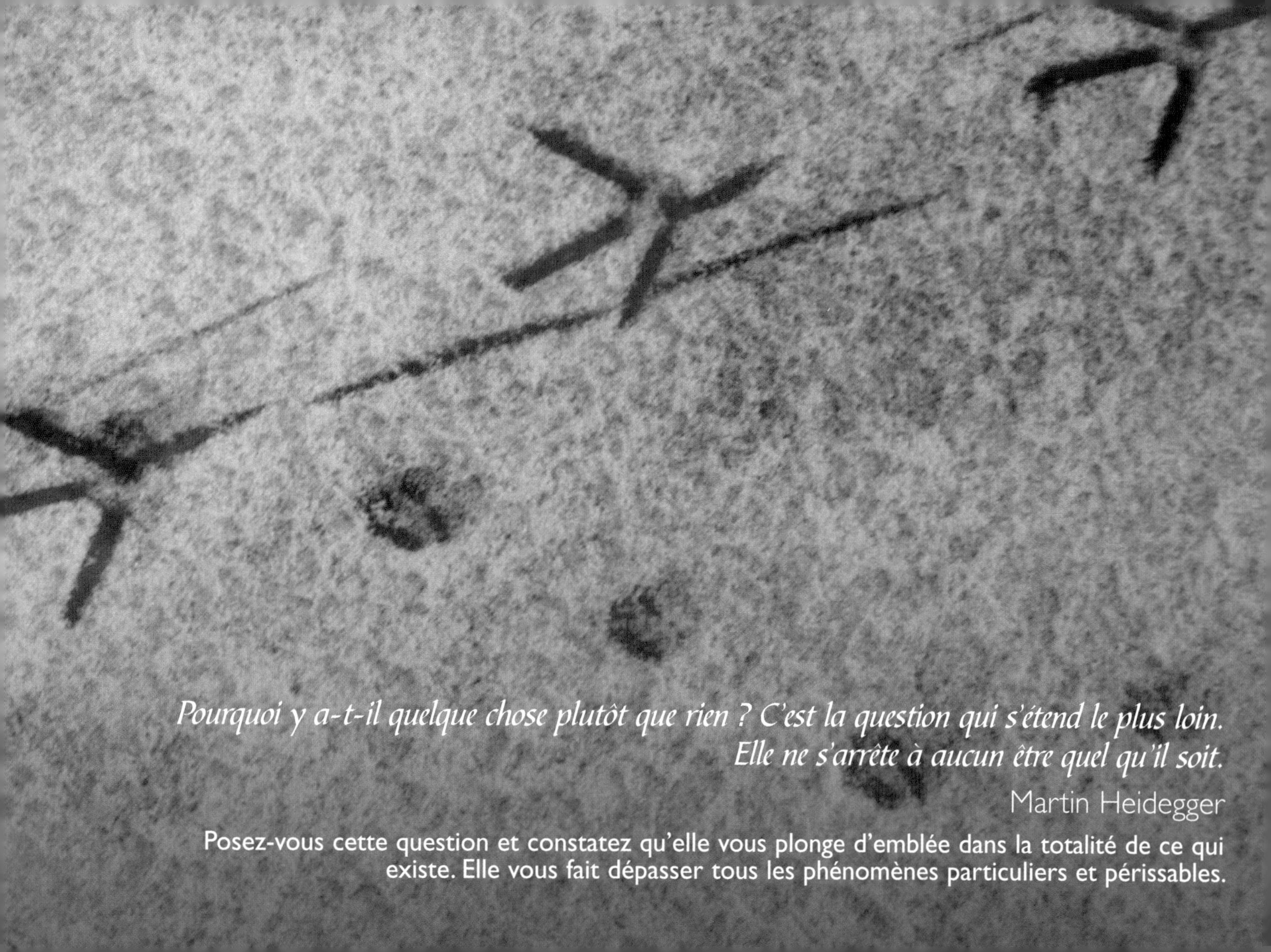

Pourquoi y a-t-il quelque chose plutôt que rien ? C'est la question qui s'étend le plus loin.
Elle ne s'arrête à aucun être quel qu'il soit.

Martin Heidegger

Posez-vous cette question et constatez qu'elle vous plonge d'emblée dans la totalité de ce qui existe. Elle vous fait dépasser tous les phénomènes particuliers et périssables.

Tout transparent comme le cristal, tel doit être ton cœur.

Angelus Silesius

Refléter les êtres tels qu'ils sont sans les « colorer » par vos projections ni les voir dans un miroir déformant ou empoussiéré : telle est l'attitude juste.

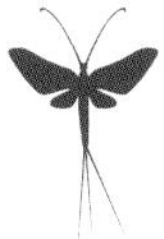

Des étrangers s'arrêtèrent en voyant Héraclite se chauffer dans sa cuisine devant son fourneau. Il les invita à entrer sans crainte par ces mots : « Ici aussi les dieux sont présents ».

Aristote

Tout peut devenir source d'émerveillement, même les réalités les plus banales : les dieux sont aussi présents dans la cuisine d'Héraclite ! Émerveillez-vous dans les diverses circonstances de la vie quotidienne !

J'ai regardé le monde comme si je le voyais pour la première fois.

Sénèque

Efforcez-vous de ne plus voir les êtres ou les événements à travers un grillage d'idées préconçues mais dans la nouveauté de leur surgissement.

Renouvelle-toi complètement chaque jour.

Henry David Thoreau

La vie commence chaque jour. Faites table rase du passé pour avoir un regard neuf sur le monde.

Choisir la vie : comment affronter la peur de la mort ?

L'âme à laquelle appartient la contemplation de la totalité du temps et de l'être, crois-tu qu'elle fasse grand cas de la vie humaine ? Un tel homme ne regardera donc pas la mort comme une chose à craindre.

Platon

L'individu qui se prend pour son corps meurt. Mais pas l'univers. Si je m'identifie à la totalité des représentations possibles de mon esprit (le « grand corps » du monde), je n'ai pas à craindre la mort. Êtes-vous capable d'un tel élargissement de conscience ?

La mort n'est rien pour nous ; tant que nous sommes là nous-mêmes, la mort n'y est pas et, quand la mort est là, nous n'y sommes plus.

Épicure

Essayez de vous imaginer votre propre disparition. Impossible ! Vous pouvez vous représenter la dissolution de vos possessions, de votre corps, de vos pensées mais pas de votre source de conscience puisque, pour imaginer, il faut bien que vous soyez là. La mort ne vous touche donc pas. Inutile de vous en préoccuper.

Qu'est-ce en effet que craindre la mort sinon s'imaginer qu'on sait ce qu'on ignore ?
Car personne ne sait ce qu'est la mort ni si elle n'est pas par hasard le plus grand des biens.
Et pourtant on la craint comme si on savait qu'elle est le plus grand des maux.

Platon

La crainte de la mort se fonde sur l'ignorance. Pourquoi craindre ce qu'on ne connaît pas ? Quelle attitude cette constatation entraîne-t-elle face à la mort ?

La mort est naturelle. Or celui qui redoute une action naturelle est un enfant.
La mort, c'est encore une œuvre utile à la nature.

Marc-Aurèle

En quoi la mort est-elle « une œuvre utile à la nature » ?

Si désirable en soi est la vie qu'on la désire pour elle-même : elle flue directement de Dieu dans l'âme.

Maître Eckhart

Pourquoi la vie est-elle le bien le plus élevé ?

La première démarche de l'existentialisme est de mettre tout homme en possession de ce qu'il est et de faire reposer sur lui la responsabilité totale de son existence.

Jean-Paul Sartre

Nous naissons libres et nous sommes totalement responsables de notre vie.

Juger que la vie vaut ou ne vaut pas la peine d'être vécue, c'est répondre à la question fondamentale de la philosophie [...]. Galilée, qui tenait une vérité scientifique d'importance, l'abjura le plus aisément du monde dès qu'elle mit sa vie en péril.

Albert Camus

Y a-t-il des valeurs pour lesquelles vous seriez prêt à mourir, des valeurs *au-dessus* de votre vie ?

Février

Préparer le terrain : le recentrage

Février : il fait froid. Tout est gelé, stable, immobile. Période propice au recentrage sur ce qui est immuable et certain : l'Être de Parménide, l'âme de Platon ou le « moi pensant » *(cogito)* de Descartes. Souvent ballottés, voire submergés, par l'agitation des flots de l'existence, nous recherchons une île, un point d'ancrage où nous reposer. Un havre de paix.

Ce mois-ci, vous apprendrez d'abord à discerner ce qui existe vraiment : est-ce la réalité concrète, cet arbre dans le jardin, ou l'idée dans l'esprit ? Qui êtes-vous, au juste ? Avez-vous une identité stable qui traverse le temps en le survolant ou n'êtes-vous qu'un amalgame passager de perceptions ? Êtes-vous une simple somme d'organes qui se disloque à la mort ou êtes-vous PLUS que cela ?

Ensuite vous vous initierez à la méditation qui, étymologiquement, signifie « chemin vers le centre ». Ce pèlerinage vous fera remonter à l'origine de votre conscience, vers ce *point source* qui se trouve à la racine de toutes vos représentations. Vous pouvez envisager la disparition de tout – les phénomènes devant vous, votre corps, vos pensées – sauf du « je » qui imagine ! Il n'est donc ni un objet ni votre corps, ni une pensée. Il n'est

pas de ce monde puisqu'il est l'origine du monde, de *votre* univers. Angelus Silesius le compare au centre d'une grande roue. Plus vous vous en approchez, plus le mouvement se ralentit et si vous vous plongez dans cette source, vous acquérez la sérénité alors que tout tourne autour de vous. Mais qui est ce « je » ? Certainement pas l'ego qui s'identifie au corps ou aux pulsions et qui vous entraîne dans une folle chevauchée, de mort en mort puisque votre monture est éphémère.
Enfin, vous découvrirez votre espace de liberté. Êtes-vous vraiment libre de créer vous-même votre propre vie comme l'affirme Sartre ou votre liberté n'est-elle que l'illusion d'un être qui ignore toutes les causes qui le déterminent comme le prétend Spinoza ? Pour les Stoïciens Épictète et Marc-Aurèle, votre autonomie réside dans votre citadelle intérieure : vous ne pouvez pas changer le monde, mais seulement accepter ce qui arrive ou vous torturer l'esprit. Par contre, vous êtes capable de modifier le jugement que vous portez sur les événements.

Exercice du mois : la flamme de la bougie

- Après avoir pris conscience de votre corps puis de votre souffle (cf. exercice de janvier), observez une ou deux minutes la flamme d'une bougie en fixant votre regard sur l'extrémité incandescente de la mèche. Prenez conscience de l'élan vers le haut que symbolise cette flamme puis de tous ses aspects : la base violacée, la mèche, le rayonnement…
- Fermez les yeux et contemplez l'image rémanente de la flamme dans l'espace frontal en détendant vos paupières jusqu'à ce qu'elle disparaisse. Vous pouvez placer les mains en coques sur les yeux pour obscurcir la scène et accentuer l'effet du phosphène. Vous verrez qu'il se modifie progressivement en prenant toutes sortes de couleurs.
- Prenez maintenant conscience du *témoin* en train d'observer l'image : vous ne pouvez pas le voir comme un objet, car il se trouve toujours *en amont* de ce qui est observé. Vous ne le percevez pas : vous y *êtes* et vous ne pouvez pas nier cette source de présence.

Se focaliser sur l'essentiel : qu'est-ce qui existe vraiment ?

Nous ne pouvons pas dire qu'il existe une maison
en dehors des maisons individuelles.

Aristote

Pour Aristote, la réalité se trouve dans la maison concrète que j'habite. L'être, c'est du concret.

Dédaignant ce que nous prenons ici bas pour des êtres,
le philosophe se redresse pour contempler l'être véritable, l'Idée.

Platon

Platon pense que la réalité de l'être se situe dans *l'Idée* de maison. Pourquoi ? Parce qu'elle comprend toutes les maisons et qu'elle est au-dessus des vicissitudes du temps.

Faites peu attention à Socrate mais beaucoup plus à la vérité.

Platon

Je préfère être avec le Christ plutôt qu'avec la vérité.

Dostoïevski

Et vous, que choisissez-vous ? La personne concrète ou la vérité ?
Et si la vérité la plus haute, le plus grand bien, résidait dans la personne en chair et en os ?

Plus une chose est noble, plus elle est commune à tout. J'ai les sens en commun avec les animaux et la vie en commun avec les arbres. L'être m'est encore plus intérieur, je l'ai en commun avec toutes les créatures.

Maître Eckhart

Votre être est ce qu'il y a de plus noble en vous. Mais quel est-il ?

Pendant que je voulais ainsi penser que tout était faux, il fallait nécessairement que moi, qui le pensais, fusse quelque chose. Et remarquant que cette vérité : je pense donc je suis, était si ferme, je jugeai que je pouvais la recevoir, sans scrupules, pour le premier principe de la philosophie.

René Descartes

En quoi ce « je pense donc je suis » (*cogito*) est-il une vérité aussi certaine ?
Pouvez-vous concevoir quelque chose ou douter de quoi que ce soit en dehors de votre conscience, sans y penser ?

Par le je pense, contrairement à la philosophie de Descartes, nous nous atteignons nous-mêmes en face de l'autre, et l'autre est aussi certain pour nous que nous-mêmes. Ainsi l'homme qui s'atteint directement par le cogito découvre aussi tous les autres comme la condition de son existence.

Jean-Paul Sartre

Existeriez-vous sans l'autre ?

La croyance à l'existence d'autres êtres humains comme tels est amour. L'esprit n'est forcé de croire à l'existence de rien. C'est pourquoi le seul organe de contact avec l'existence est l'acceptation, l'amour.

Simone Weil

J'ai la certitude que l'être aimé existe par l'élan bien réel qu'il suscite en moi.

Quitter les sables mouvants :
y a-t-il une réalité stable ?

*Nous nous baignons et nous ne nous baignons pas dans le même fleuve ;
nous sommes et nous ne sommes pas.*

Héraclite

Si vous vous laisser absorber par les feuilles mortes qui dérivent à la surface, vous n'existerez pas vraiment dans ce flux. Mais vous pouvez aussi considérer le fleuve dans son ensemble en prenant de la hauteur ou la nature de l'eau en plongeant : c'est alors que vous existerez vraiment. Qu'est-ce qui en vous demeure, malgré l'écoulement continuel des phénomènes ?

L'Être est et il n'est pas possible qu'il ne soit pas. On ne peut ni dire ni penser que l'Être n'est pas : il n'a ni naissance ni commencement.

Parménide

De tout objet autour de vous, de toute perception (cet arbre, votre corps, cette pensée…), vous pouvez dire qu'ils n'existeront plus un jour. Mais pas de l'Être en tant que tel, écrit Parménide. Quel est ce fondement de toute chose dont il est impossible d'envisager la disparition ? Cette réalité de l'être est-elle en vous ? Hors de vous ?

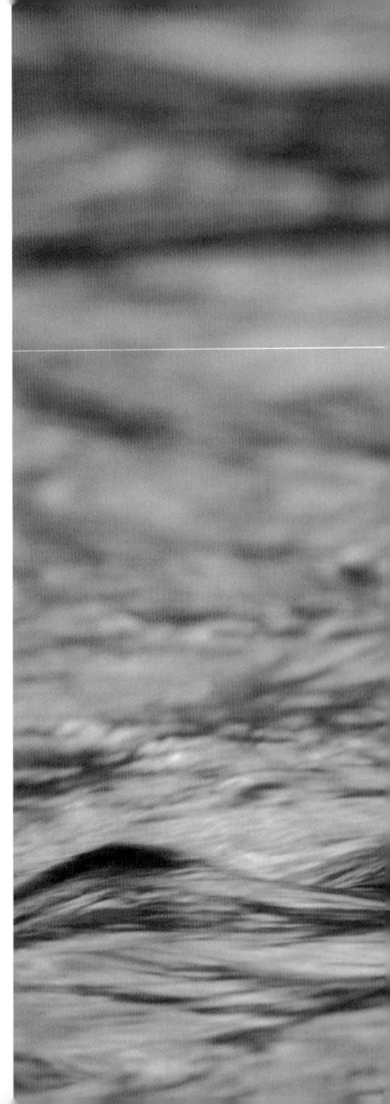

J'appelle méchant et inhumain tout cet enseignement d'un être unique et absolu, inébranlable, suffisant, immuable.

Friedrich Nietzsche

Quel est cet être unique et immuable ? Pourquoi l'enseigner serait-il inhumain ?

Je n'arrive pas à convaincre Criton que je suis, moi, ce Socrate qui s'entretient avec vous en cet instant.
Il croit que moi, c'est cet autre qu'il verra tout à l'heure, un cadavre.

Platon

Nous sommes ici en présence de deux « je » : celui qui est identifié au corps appelé à mourir et le vrai moi, étranger à la mort.
Pouvez-vous vous représenter en vous ces deux « je » ?

L'âme vient toujours dans le corps en y apportant la vie. Il est impossible que l'âme puisse périr,
car elle ne recevra pas plus la mort que le chiffre trois, impair, ne sera pair.

Platon

Principe de vie en l'homme, l'âme par définition n'est pas touchée par la mort pas plus que le chiffre trois ne peut devenir pair.
Si je me recueille dans mon esprit et que je cesse de m'identifier à mon corps, je ne mourrai pas.

Il y a en moi quelque chose d'invulnérable, quelque chose qu'on ne peut enterrer et qui fait sauter les rochers : cela s'appelle ma volonté.

Friedrich Nietzsche

Votre volonté peut devenir inébranlable si vous savez la forger.

Conserver intact, à travers les épreuves, un petit morceau de son âme.

Etty Hillesum

Comment y parvenir ?

Se recentrer :
comment remonter à la source de ma conscience ?

La seule chose qui nous console de nos misères est le divertissement,
et cependant c'est la plus grande de nos misères.
Car c'est cela qui nous empêche principalement de songer à nous.

Blaise Pascal

Notre société n'organise-t-elle pas systématiquement cet oubli de soi ?
Quels sont ces divertissements qui vous détournent de vous-même et des questions essentielles ?

Ce que l'âme doit voir, c'est la lumière par laquelle elle est éclairée.
Le soleil non plus n'est pas vu dans la lumière d'un autre.
Comment y parvenir ? Retranche toute chose !

Plotin

Se plonger dans la source de votre conscience sous l'éclairage de laquelle tous les phénomènes sont perçus : telle est la voie.

La mise entre parenthèses de notre environnement ne nous place pas devant un pur néant. Cette mise hors jeu du monde est la méthode universelle et radicale par laquelle je me saisis comme moi pur. Dans cette expérience, l'ego s'atteint lui-même dans son origine.

Edmund Husserl

Faites l'expérience ! Mettez entre parenthèses le monde extérieur, les sensations puis vos pensées. Que reste-t-il ? Une pure conscience d'exister.

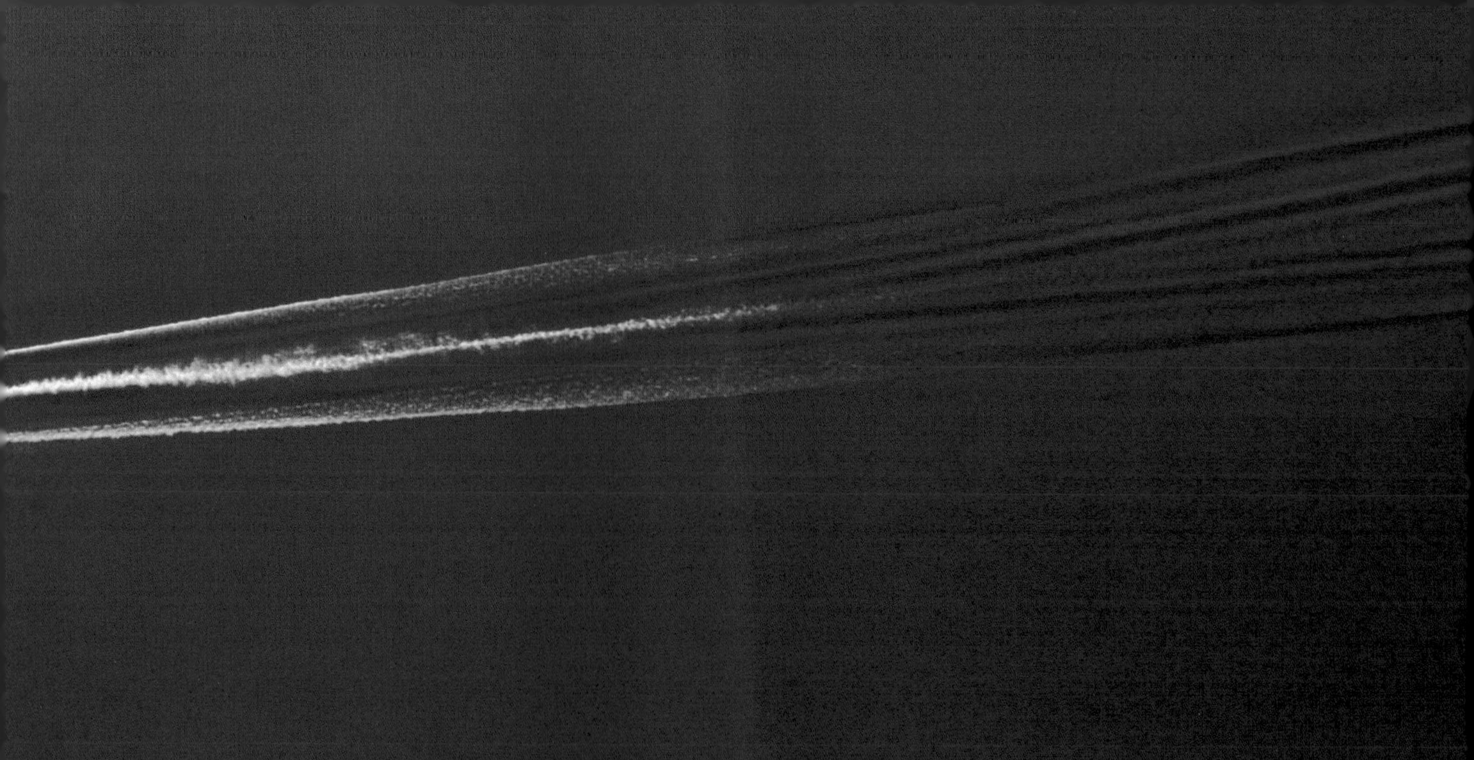

Toi, tu n'es pas dans l'espace, c'est l'espace qui est en toi.
Jette-le hors de toi, et voici déjà l'éternité.

Angelus Silesius

Ce ressourcement se fait en deux étapes. Prenez d'abord conscience que ce n'est pas vous qui êtes dans l'espace, mais l'espace qui est en vous, en cessant de vous identifier à votre corps. Ensuite, effacez l'espace pour vous immerger dans votre pure source de conscience.

Lorsqu'un homme se livre au sommeil après avoir nourri son âme de belles pensées,
lorsqu'il ne s'endort point le cœur agité de colère,
il prend contact mieux que jamais avec la vérité et ses songes ne sont nullement déréglés.

Platon

Avant de vous endormir, calmez votre corps et votre esprit en méditant sur de « belles pensées ». Votre sommeil s'en trouvera apaisé. Mieux : selon Platon, vous entrerez en contact avec une source de vérité et le sommeil vous aidera à résoudre vos problèmes.

Tous les matins, avant de me mettre au travail, me « tourner vers l'intérieur », rester une demi-heure à l'écoute de moi-même. Créer au-dedans de soi une grande et vaste plaine débarrassée des broussailles sournoises qui vous bouchent la vue, ce devrait être le but de la méditation.

Etty Hillesum

Le matin, assis et immobile, contentez-vous d'observer la sarabande de vos pensées : dès ce moment, le flux se calme progressivement et le paysage s'éclaircit.

Place-toi au point central, ainsi tu verras tout à la fois.

Angelus Silesius

Plus on s'approche du moyeu de la roue, plus le mouvement se ralentit et plus le point de vue s'élargit.
Les gens vivent la plupart du temps à la circonférence et se laissent emporter. Ne faites pas comme eux : recentrez-vous !

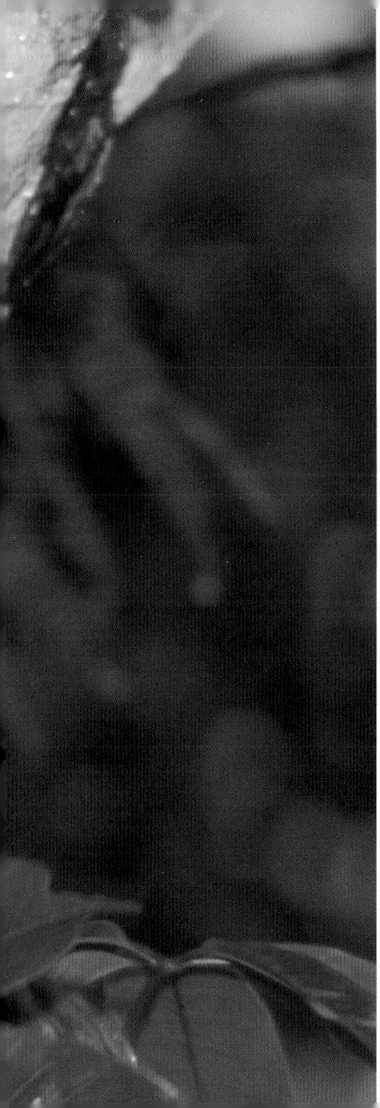

Faire des choix : quelle est ma marge de liberté ?

L'existence précède l'essence. Cela signifie que l'homme existe d'abord,
se rencontre, surgit dans le monde et qu'il se définit après.
L'homme n'est rien d'autre que ce qu'il se fait.

Jean-Paul Sartre

La liberté vient en premier. L'homme est libre de sculpter sa vie comme il l'entend.

Les hommes se trompent en ce qu'ils se croient libres ;
et cette opinion consiste en ce qu'ils ont conscience de leurs actions
et sont ignorants des causes par lesquelles ils sont déterminés.

Baruch Spinoza

J'ai l'illusion d'être libre parce que je ne connais pas toutes les causes qui me conditionnent.

L'homme forge son destin de l'intérieur, voilà une affirmation bien téméraire.
En revanche, l'homme est libre de choisir l'accueil qu'il fera lui-même à son destin.

Etty Hillesum

En quoi cette affirmation diffère-t-elle à la fois du déterminisme (Spinoza) et de la liberté absolue de créer son existence (Sartre) ?
Et vous, où vous situez-vous ?

La réalité du bien se trouve dans ce qui dépend de nous.

Épictète

Sur deux colonnes, faites l'inventaire de ce qui dépend de vous et de ce qui n'en dépend pas.
Dans une situation donnée, ne vous souciez que de ce qui relève de vous : vous serez plus libre et plus serein.

Ce qui trouble les hommes, ce ne sont pas les choses mais bien la façon dont ils se les représentent.
Qu'est-ce qui est à toi ? L'usage des représentations.

Épictète

Je suis maître de mes jugements sur les choses mais pas des choses elles-mêmes.
Lorsque vous êtes perturbé par quelque chose, essayez de changer la représentation que vous en avez. Là réside votre liberté.

Ressembler au promontoire contre lequel se brisent les flots. Lui reste debout et, autour de lui, viennent s'assoupir les gonflements de l'onde.

Marc-Aurèle

Remémorez-vous une situation où vous avez ressemblé à ce promontoire.

La source jaillissante est en toi. Si tu ne bouches pas l'issue, elle flue et flue.

Angelus Silesius

Qu'est-ce qui bouche votre source intérieure et comment libérer son accès ?

Mars
Semer : la fécondité du projet

Mars : le paysan a labouré la terre ; il l'a ouverte pour y planter ses semis. La sève est montée dans les arbres… et en nous. Sous l'attraction du Beau et du Bien, nous avons envie de créer et l'amour gonfle notre voilure pour nous pousser vers l'île choisie.

Avec Platon, Descartes ou Wittgenstein, vous apprendrez à penser de façon précise en dialoguant avec vous-même. Toute pensée clairement formulée et traduite en image apparaît comme un foyer d'énergie qui attirera, tel un aimant, la situation correspondante dans le monde extérieur. Elle est comparable à une graine qui va germer, puis fructifier. Vous devenez ce que vous pensez et les événements vécus à l'extérieur reflètent vos paysages intérieurs. D'où l'importance de bien savoir jardiner votre intériorité en y cultivant des pensées fortes et positives sans vous laisser squatter par des contenus indésirables.

Vous êtes le maître de votre château intérieur. L'attitude juste consiste d'abord à bien choisir les perceptions qui viennent habiter en vous et « colorer » le cristal de votre conscience : des images violentes ou pornographiques ne produisent à l'évidence pas le même effet qu'un film romantique ! Dis-moi ce que tu regardes et je te dirai qui tu es. Mais vous n'avez parfois

pas le choix de la situation. Alors autant la prendre par le bon bout. Hier, par exemple, je devais m'atteler à une planification de tâches sur mon ordinateur. Devant les réticences de la machine à se plier à ma volonté, je commençai par m'énerver en la traitant d'imbécile. J'avais simplement oublié un espace après une ponctuation et plus rien ne marchait. Puis j'ai réalisé que l'ordinateur m'obligeait à une précision absolue, ce qui en fait un excellent maître. De ce point de vue, l'informatique devient une ascèse mentale. Fort de cette conviction, je poursuivis mon travail avec entrain.
En ce mois de mars, vous vous interrogerez aussi sur les principes de vos décisions. Sur quoi vous baser pour agir ? Sur la volonté libre qui se décide par pur devoir, indépendamment de tout désir (Kant) ou au contraire sur la passion qui vous pousse à créer (Nietzsche) ? Et d'où vient votre pouvoir de création ? Dans tous les cas, vous apprendrez à vous dépasser en surmontant l'inertie qui vous emprisonne dans les ornières du passé. Vous tracerez de nouveaux sillons.

Exercice du mois : le semeur

Formulez une phrase courte et positive. Vous vous la répéterez avant de vous endormir, au réveil ou dans un état de relaxation en y associant une scène imagée dans laquelle vous vous impliquerez comme acteur. Exemple : chaque jour, à tous points de vue, je vais de mieux en mieux (Émile Coué). Laissez du temps au temps et persévérez jusqu'à ce que votre petite phrase se réalise.

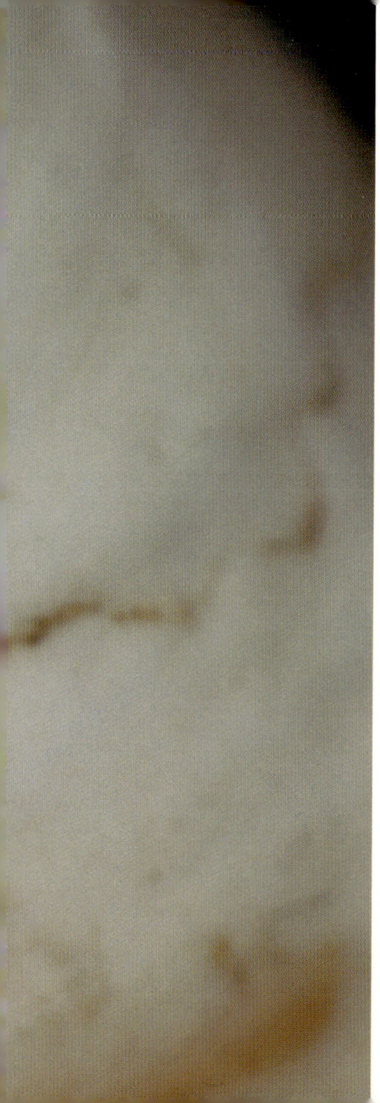

Penser : comment apprendre à réfléchir ?

Représente-toi une sphère lumineuse, contenant tout en elle. Gardant cette représentation, supprime la masse, l'espace et l'imagination de la matière sans essayer de concevoir une sphère plus petite.

Plotin

Faites cet exercice pour vous recentrer dans la source de toute pensée. Que reste-t-il, sinon une pure luminosité dans laquelle vous vous immergez ?

Ne comprendre rien de plus en mes jugements que ce qui se présenterait si clairement et si distinctement à mon esprit que je n'eusse aucune occasion de le mettre en doute.

René Descartes

Représentez-vous clairement votre projet sans le remettre constamment en doute.

On cherche toujours la formule libératrice, la pensée clarificatrice.
Les choses doivent s'éclaircir en toi ; tu ne dois pas, toi, te laisser engloutir par les choses.

Etty Hillesum

Habituez-vous à ne pas vous laisser entraîner par les événements.
Fortifiez votre « pilote intérieur » en le nourrissant de formules claires pour qu'il sache où se diriger.

Le but de la philosophie est la clarification logique de la pensée.
Tout ce qui peut être en somme pensé, peut être clairement pensé.

Ludwig Wittgenstein

Que veut dire pour vous « penser clairement » ? Quelles sont les caractéristiques d'une pensée claire ?

Aussi faut-il suivre la raison commune (logos) ; mais, bien qu'elle appartienne à tous,
la foule n'en vit pas moins comme si chacun avait une intelligence particulière.

Héraclite

Quelle est cette raison commune à tous ? Pouvez-vous définir quelques principes qui prennent sa source en elle ?

Chercher sans avoir exploré d'abord les difficultés, c'est marcher sans savoir où l'on va. Il n'est pas possible de défaire un nœud sans savoir de quoi il s'agit.

Aristote

Il convient de bien analyser une situation sous tous ses aspects avant de prendre une décision ou une direction.

C'est le dialogue intérieur et silencieux de l'âme avec elle-même que nous appelons pensée.

Platon

Qu'est-ce que penser ? Observez-vous en train de penser. Ne dialoguez-vous pas avec vous-même ? Et qui sont les deux interlocuteurs ?

Il faut nous libérer de l'interprétation technique de la pensée qui est un processus de réflexion au service du faire et du produire. Cette façon de juger équivaut au procédé qui tenterait d'apprécier un poisson sur la capacité qu'il a de vivre en terrain sec.

Martin Heidegger

La pensée technique passe à côté de l'essentiel. Pourquoi ?

Y croire : qu'est-ce que la pensée positive ?

Chaque âme est et devient ce qu'elle regarde.

Plotin

Nous devenons ce que nous regardons en prenant la forme de ce dont nous avons conscience. Soyez donc vigilant !

L'âme se colore par l'effet des pensées.
Colore-la donc par une attention continue à des pensées comme celle-ci :
là où il est possible de vivre, il est aussi possible de bien vivre.

Marc-Aurèle

Colorez votre âme de pensées positives. Quelles sont celles dont vous avez besoin pour « bien vivre » ? Rédigez-en quelques-unes !

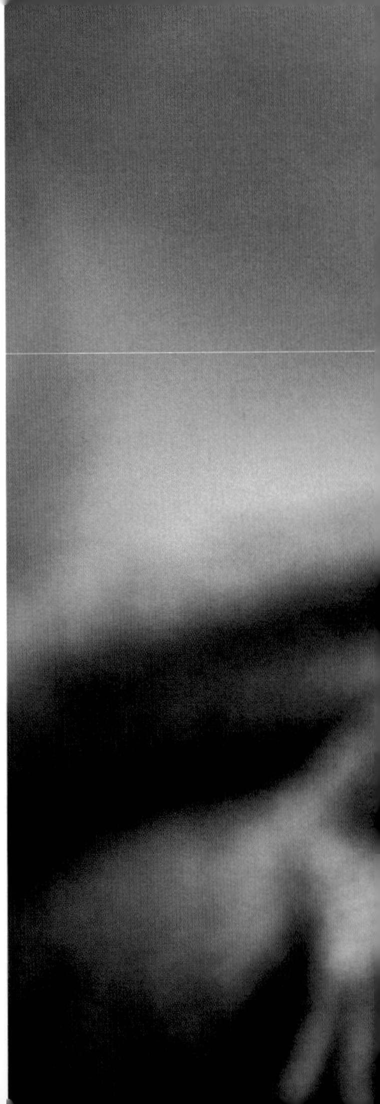

Ce qui est pensable est également possible.

Ludwig Wittgenstein

Tout ce qui peut être pensé avec force et clarté pourra se réaliser. En avez-vous déjà fait l'expérience ?

La nature s'imite : une graine, jetée en bonne terre, produit ; un principe, jeté dans un bon esprit, produit.

Blaise Pascal

Quelles sont les qualités d'un esprit pour qu'il ressemble à une « bonne terre » où la graine germera ? Que symbolise cette graine ?

La pensée ne se mêle point aux agitations du souffle vital,
une fois qu'elle s'est retrouvée en elle-même et qu'elle a reconnu sa propre force.

Marc-Aurèle

Comment fortifier ainsi vos pensées ? De quoi faut-il vous libérer ?

Toute chose a deux prises, l'une par laquelle on peut la porter, l'autre par laquelle on ne peut pas la porter. Si ton frère te lèse, ne prends pas la chose par la prise « il m'a fait injure » mais plutôt par la prise « c'est mon frère nourri avec moi ».

Épictète

Trouvez une autre situation que vous pouvez voir du bon ou du mauvais côté.

Être le plus ferme et le plus résolu en mes actions que je pourrais. Imitant en ceci les voyageurs qui, se trouvant égarés en quelque forêt, ne doivent pas errer en tournoyant, ni encore moins s'arrêter en une place, mais marcher toujours le plus droit qu'ils peuvent vers un même côté.

René Descartes

Aller de l'avant et s'en tenir à une ligne directrice : telle doit être votre devise.

Se décider : sur quoi me baser pour agir ?

*Il n'est rien qui puisse sans restriction être tenu pour bon,
si ce n'est une bonne volonté. C'est ici qu'apparaît la valeur morale du caractère,
qui vient de ce que l'homme fait le bien, non par désir, mais par devoir.*

Emmanuel Kant

Se recentrer sur la volonté pure et libre qui décide seulement par devoir en faisant abstraction de tout désir. Quel est ce devoir ? D'où vient-il ? Est-ce possible de se déterminer ainsi ?

*L'esprit devient lion, il veut conquérir sa liberté.
Quel est le grand dragon que l'esprit ne veut plus appeler ni dieu ni maître ?
« Tu dois » s'appelle le grand dragon. Mais l'esprit du lion dit « je veux ».*

Friedrich Nietzsche

Ici, contrairement à Kant, il s'agit de se décharger du fardeau du devoir (du surmoi) en décidant de créer librement votre vie par la volonté de puissance du lion en vous.

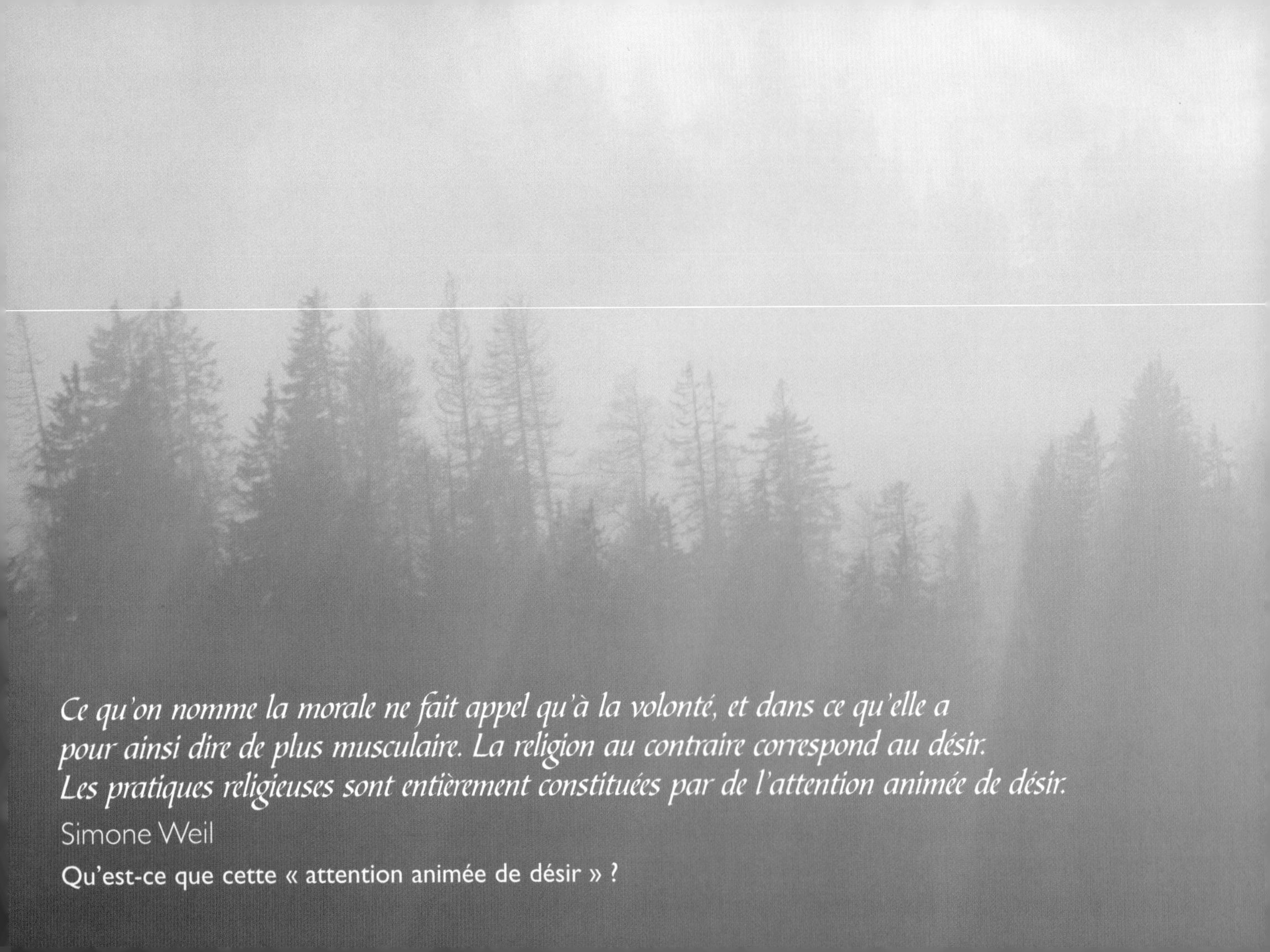

Ce qu'on nomme la morale ne fait appel qu'à la volonté, et dans ce qu'elle a pour ainsi dire de plus musculaire. La religion au contraire correspond au désir. Les pratiques religieuses sont entièrement constituées par de l'attention animée de désir.

Simone Weil

Qu'est-ce que cette « attention animée de désir » ?

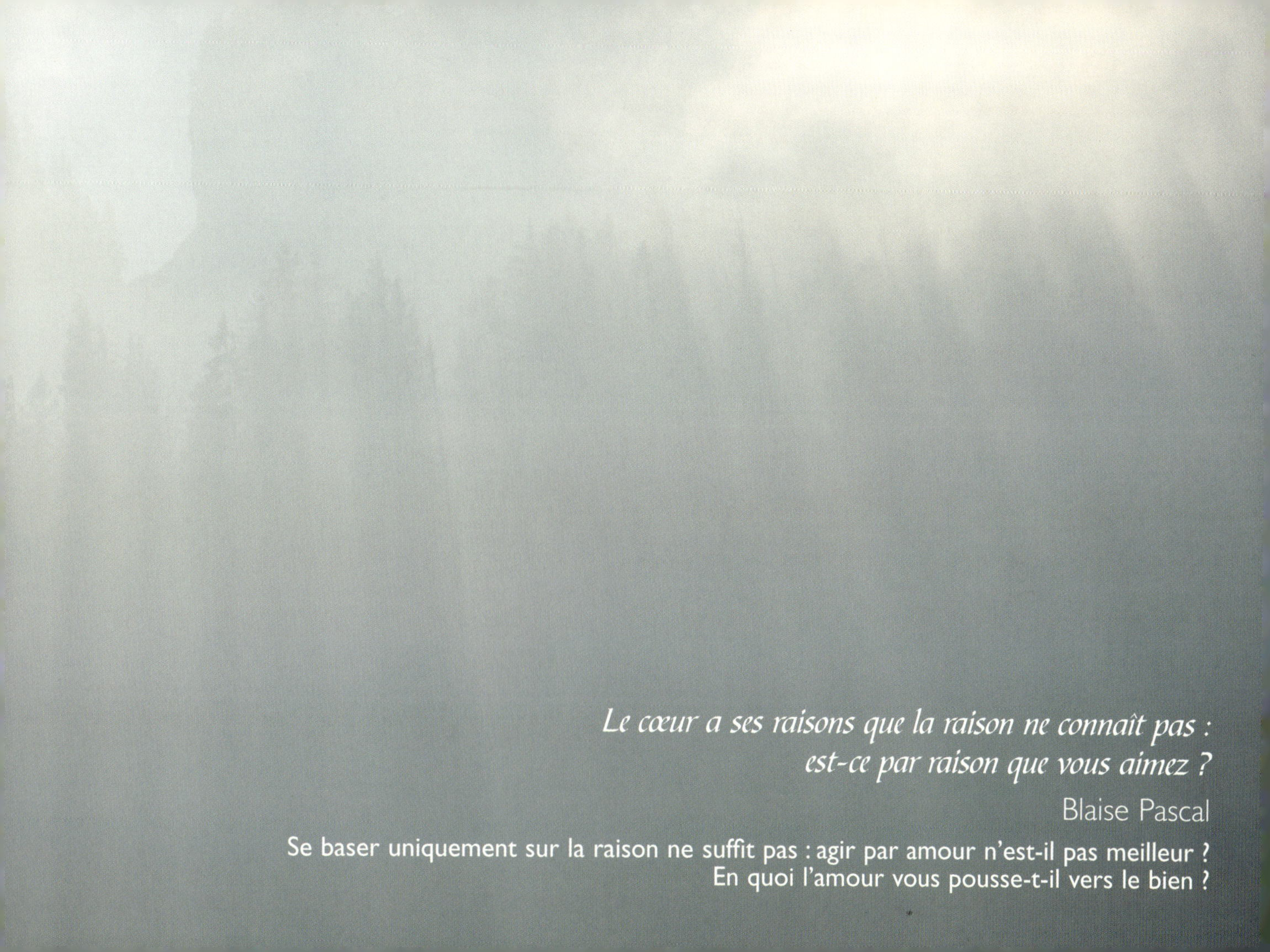

Le cœur a ses raisons que la raison ne connaît pas :
est-ce par raison que vous aimez ?

Blaise Pascal

Se baser uniquement sur la raison ne suffit pas : agir par amour n'est-il pas meilleur ?
En quoi l'amour vous pousse-t-il vers le bien ?

Je veux le non-vouloir. La sérénité s'éveille quand notre être reçoit la liberté de s'orienter vers ce qui n'est pas un vouloir. Nous ne devons rien faire, seulement attendre.

Martin Heidegger

Quelle attitude ce non-vouloir implique-t-il ?

C'est à partir de ce fonds le plus intime que tu dois agir, sans « pourquoi ».
À celui qui demanderait à un homme sincère « pourquoi agis-tu ? »,
il ne devrait pas répondre autre chose que : « J'agis pour agir ».

Maître Eckhart

Agir sans se crisper sur un but, à partir de votre être profond : avez-vous des exemples ?

L'homme est nécessairement soumis aux passions, suit l'ordre commun de la Nature et lui obéit.

Baruch Spinoza

Êtes-vous d'accord ou pensez-vous, avec Kant, qu'on puisse et qu'on doive se libérer des passions pour agir correctement ?

Autrefois tu avais des passions et tu les appelais des maux.
Mais maintenant tu n'as plus que tes vertus : elles naquirent de tes passions.

Friedrich Nietzsche

En quoi la passion est-elle ici positive ? N'agit-on pas d'autant mieux qu'on est passionné ?

Créer : où puiser ma force créatrice ?

Tout être est la semence de l'être qui doit sortir de lui.

Marc-Aurèle

Qu'est-ce qui doit sortir de vous ? De quoi êtes-vous la semence ?

Si vous avez de la foi comme un grain de sénevé, vous direz à cette montagne « déplace-toi » et elle se déplacera. Rien ne vous sera impossible.

Jésus de Nazareth

La foi déplace les montagnes. D'où vient-elle ? Où aller la puiser ?

L'amour, parce qu'il manque des bonnes et des belles choses, désire ces mêmes choses dont il manque.

Platon

La conscience du manque renforce le désir. Quelles sont ces bonnes et belles choses qui vous manquent ? Visualisez-les clairement pour nourrir votre désir de les réaliser.

Ce qui est totalement privé de bien ne chercherait jamais le bien.

Plotin

On ne peut ni chercher ni désirer ce qui n'est pas déjà en nous. Mais en quoi consiste alors le manque ? La force du désir suppose-t-elle à la fois la présence et l'absence du désirable ?

L'amour, c'est l'enfantement dans la beauté, selon le corps et selon l'esprit. Tous les hommes sont féconds par le corps et par l'esprit et, quand nous sommes en âge, notre nature sent le désir d'engendrer.

Platon

Et vous, aujourd'hui, qu'avez-vous envie d'engendrer sous l'impulsion du Beau, par la force créatrice de l'amour ? Quelle est cette beauté qui vous pousse à créer ?

Tu dois construire plus haut que toi-même. Mais il faut d'abord que tu sois construit toi-même. Tu dois construire un corps d'essence supérieure, un premier mouvement, une roue qui roule sur elle-même. Tu dois créer un créateur.

Friedrich Nietzsche

C'est le désir de se dépasser qui pousse à créer. Que devez-vous surmonter en vous ?

C'est l'esprit qui est l'organisateur et la cause de toute chose. Une chose ne peut naître que d'une participation à l'Idée. C'est par le Beau que toutes les belles choses deviennent belles.

Platon

Tout phénomène x est l'incarnation de l'Idée X, modèle parfait de l'ensemble des x.
Avant de réaliser quoi que ce soit, représentez-vous clairement en votre esprit l'Idée que vous projetez de concrétiser.

« Vouloir » affranchit. Cette volonté m'a attiré loin de Dieu et des Dieux : qu'y aurait-il à créer, s'il y avait des Dieux ?

Friedrich Nietzsche

Ma liberté réside dans le pouvoir créateur de ma volonté. Je crée donc je suis.
Un Dieu créateur m'empêcherait de donner le meilleur de moi-même. Êtes-vous d'accord ?

Printemps

Vers soi : croissance et construction de soi

Je me suis cherché moi-même
Héraclite

Avril
Germer : la renaissance

Avril : la nature sort du sommeil hivernal. Mais si le grain ne meurt, il ne germera pas. Toute transformation implique la « mort » d'une forme antérieure. Pour les chrétiens, c'est la période de Pâques : le Christ meurt et ressuscite. Mais ne vivons-nous pas tous aussi de « petites Pâques » ? L'existence n'est-elle pas une succession de morts et de renaissances où, comme la chenille, nous quittons notre cocon pour devenir papillon en nous métamorphosant ?

Nous commencerons ce mois en nous demandant si nous naissons naturellement bons (Rousseau) ou mauvais (Hobbes). Mais peut-être ne sommes-nous à notre naissance qu'une page vierge sur laquelle il s'agira d'écrire notre vie dans la couleur de notre choix. Nous venons au monde libres de sculpter notre propre existence, pour le meilleur ou pour le pire, affirme Sartre.

On examinera ensuite la nature de l'éveil en se posant avec Descartes cette question toute simple : et si je dormais en ce moment ? En quoi consisterait le réveil authentique ? De fait, bien des hommes parlent et agissent comme des dormeurs ou des morts vivants. Gurdjieff les appelle des « hommes machines », car ils se comportent comme des automates programmés par le système : métro, boulot, dodo. Ils sont ballottés d'une situation à l'autre au gré de leurs pulsions aimantées par le marché.

Seul le *rappel de soi* sonnera le réveil. Il faut alors s'élever au-dessus de la foule des petits « moi » pour construire un « Je » stable, apte à gouverner notre vie. Et comment ? Par l'*observation de soi,* en vivant plus consciemment. Cette prise de recul au sommet de notre montagne intérieure nous fait sortir du brouillard pour exister en pleine clarté.

Autre constatation : lorsque vous rêvez que vous mourez, que se passe-t-il ? Vous vous *réveillez* pour vous retrouver avec soulagement dans votre lit. Vous changez de niveau de conscience. De même, l'éveil ne peut survenir qu'après une mort : celle d'un petit moi recroquevillé sur lui-même et qui s'identifie à une minuscule portion de l'être : son corps et ses possessions. En nous réveillant le matin, nous réalisons que toutes les scènes de nos rêves que nous percevions alors à l'extérieur, se trouvent en fait dans notre esprit. Notre moi s'est agrandi. Tout éveil n'est-il pas un élargissement de conscience ? Et si la mort – la vraie – était un nouveau réveil, un changement d'état de conscience ?

Enfin, nous analyserons la nature du *désir*. Est-il bon ou mauvais ? Doit-il être absolument comblé ?

Exercice du mois : le rappel de soi

En différentes occasions – dans un bus, dans une séance de travail, dans un grand magasin – exercez-vous à l'*observation de vous-même* : vous vous extirpez du feu de l'action pour regarder le rôle transitoire que vous jouez. Prenez conscience de vos deux « je » : le témoin qui observe calmement et l'acteur en situation. Posez-vous alors la question : qui suis-je au juste ? Et n'oubliez pas de rire de vous-même. Une bonne dose d'humour vous aidera à relativiser bien des situations. L'humoriste n'est-il pas votre vrai moi ?

Venir au monde : naissons-nous naturellement bons ?

L'homme naît naturellement bon et heureux,
c'est la société qui le corrompt et le rend malheureux.

Jean-Jacques Rousseau

Quelles sont les conséquences de cette affirmation quant à la responsabilité individuelle de l'homme par rapport à ses actes ?

À l'état de nature, l'homme est un loup pour l'homme.

Thomas Hobbes

Êtes-vous d'accord ?

Il faut sortir de l'état de nature, en lequel chacun n'en fait qu'à sa tête,
et s'unir à tous les autres dans une commune soumission à une contrainte publique.

Emmanuel Kant

C'est la puissance publique de l'État qui civilise l'homme et garantit une coexistence des libertés en forçant chacun à dépasser son égoïsme dans le cadre des lois.

Nous ne naissons pas naturellement bons ou méchants.

Aristote

À la naissance, l'homme a des potentialités qu'il peut exploiter ou non. Qu'est-ce qui nous rend alors bons ou mauvais ?

La puissance de bien juger et distinguer le vrai d'avec le faux,
qui est proprement ce qu'on nomme le bon sens ou la raison, est naturellement égale en tout homme.

René Descartes

Sommes-nous *naturellement* pourvus d'une bonne faculté de juger à la naissance ? Faut-il la faire fructifier ? Peut-on la perdre ?

Le lâche se fait lâche, le héros se fait héros ;
il y a toujours une possibilité pour le lâche de ne plus être lâche et pour le héros de cesser d'être un héros.

Jean-Paul Sartre

Nous naissons libres et nous construisons librement notre vie.

C'est avec ces prédicateurs de l'égalité que je ne veux pas être mêlé et confondu.
Car ainsi me parle la justice : « Les hommes ne sont pas égaux ».

Friedrich Nietzsche

Selon Nietzsche, l'égalitarisme ne doit pas être recherché. Pourquoi ?

S'éveiller : comment vivre plus consciemment ?

Il ne faut ni agir ni parler comme des dormeurs.

Héraclite

Agir et parler comme quelqu'un d'éveillé : oui, mais comment ?

Ce que les yeux des chauves-souris sont à l'égard du jour,
notre intelligence l'est aux choses qui sont le plus naturellement évidentes.

Aristote

Qu'est-ce qui obscurcit votre vue au point que vous ne voyez pas clairement même « les choses évidentes » ? Et quelles sont ces réalités évidentes ?

Il n'y a point d'indices concluants, ni de marques assez certaines par où l'on puisse distinguer nettement la veille d'avec le sommeil.

René Descartes

En quoi consiste alors selon vous l'éveil véritable ? Quelles sont les réalités qui demeurent, aussi bien dans le sommeil que dans l'état de veille ?

Au petit jour, lorsqu'il t'en coûte de t'éveiller, aie cette pensée : c'est pour faire œuvre d'homme que je m'éveille. Serais-je encore de méchante humeur si je vais faire ce pour quoi je suis né ? Ou bien ai-je été formé pour rester couché et me tenir au chaud sous mes couvertures ?

Marc-Aurèle

Pourquoi rechigner à vous lever le matin ? N'avez-vous pas une belle journée devant vous pour donner le meilleur de vous-même ?

Le matin, aussitôt levé, demande-toi : que me reste-t-il à faire pour acquérir l'absence de troubles ? Qui suis-je ? Un corps ? Une fortune ? Une réputation ? Rien de tout cela : je suis un être raisonnable. Alors qu'exige-t-on d'un tel être ?

Sénèque

Exercez-vous ainsi le matin et répondez aux questions que se pose Sénèque.

Tu ne te souviens jamais de toi-même. En toi « ça observe ». Tu ne sens pas « C'est moi qui observe ». Pour arriver vraiment à s'observer, il faut d'abord se rappeler soi-même. Lorsque j'essaie de me rappeler moi-même, mon attention est dirigée à la fois vers l'objet observé et vers moi qui l'observe.

Georges Gurdjieff

La plupart du temps, nous vivons machinalement. Pour s'éveiller, il faut se construire un moi véritable en se distançant de l'immédiat par l'observation de soi : elle élargit le champ de votre conscience. Faites l'exercice dans votre vie quotidienne !

Tout ce qui se trouve dans l'âme n'est pas conscient pour autant mais cela parvient à nous en parvenant à la conscience. Nous sommes liés à la conscience.

Plotin

Nourrissez vos sensations de la pleine conscience en étant totalement présent dans chaque situation de la vie. Là où va la conscience, là va l'énergie.

Se transformer : faut-il mourir pour renaître ?

Si le grain ne meurt… Il doit mourir pour libérer l'énergie qu'il porte en lui afin qu'il se forme d'autres combinaisons. De même, nous devons mourir pour libérer l'énergie attachée, pour posséder une énergie libre, susceptible d'épouser le vrai regard des choses.

Simone Weil

Quelle est cette « énergie attachée » qui doit mourir en vous ?

Si le grain de blé tombé en terre ne meurt pas, il demeure seul ; mais s'il meurt, il porte beaucoup de fruit. Celui qui aime sa vie la perdra […].

Jésus de Nazareth

À quelle vie faut-il renoncer pour renaître ?

Enfance, adolescence, jeunesse, vieillesse : toute transformation est une mort. Est-ce terrible ? Et, trouvant bien d'autres dissolutions, transformations et cessations, demande-toi : est-ce terrible ?

Marc-Aurèle

Nous évoluons de matrice en matrice en passant chaque fois par une « mort ». Ne renaissez-vous pas chaque jour et après chaque tranche de vie en abandonnant la situation précédente ? Pourquoi donc avoir peur de la mort qui n'est qu'un passage ?

Je vous ai nommé trois métamorphoses : comment l'esprit devient chameau, comment l'esprit devient lion, et comment enfin le lion devient enfant.

Friedrich Nietzsche

Nous portons sur notre dos de lourdes charges, par devoir. Puis nous nous débarrassons de ce fardeau pour trouver enfin la spontanéité et la créativité de l'enfant. Que symbolisent ces trois métamorphoses dans votre vie ?

Toute âme a en elle cette faculté d'apprendre et un organe à cet usage. Il doit être détourné avec l'âme tout entière des choses périssables jusqu'à ce qu'il devienne capable de supporter la vue de l'être que nous appelons le Bien.

Platon

Platon compare cette transformation à la sortie d'une caverne.
Quel est donc cet organe et en quoi consiste ce changement de direction vers l'être véritable, le Bien ?

Homme, tout se métamorphose. Et toi seul – comment est-ce possible ? – tu restes, sans le moindre progrès, la motte du vieil homme.

Angelus Silesius

Quelle est cette « motte du vieil homme » qui vous sclérose ?

En cas de privation, l'homme ne peut pas s'empêcher de se tourner vers n'importe quoi de comestible.
Un seul remède à cela : une chlorophylle permettant de se nourrir de lumière.
Il n'y a qu'une faute : ne pas avoir la capacité de se nourrir de lumière.

Simone Weil

Devenir comme la feuille de l'arbre qui verdoie en se nourrissant de lumière. Quelle est cette lumière qui vous nourrit ?

L'amour n'est pas consolation : il est lumière.

Simone Weil

En quoi l'amour est-il lumière ?

Désirer : qu'est-ce que le vrai désir ?

Toutes choses tendent vers le bien.

Aristote

Quels sont ces biens vers lesquels on tend ? Existe-t-il entre eux un point commun, le Bien ?
Y a-t-il des « biens » qui n'en sont pas vraiment ?

Sont naturels et nécessaires les désirs dont la satisfaction délivre d'une douleur et qui correspondent aux exigences vitales. Sont naturels mais pas nécessaires le désir de mets somptueux ou le désir sexuel. Ne sont ni naturels ni nécessaires les désirs sans limites de la richesse, de la gloire ou de l'immortalité.

Épicure commenté par Pierre Hadot

Donnez un exemple concret de chacun de ces trois types de désir.
Quels sont chez vous les désirs ni naturels ni nécessaires qu'il faudrait éliminer ?

La vie de l'homme d'affaires est une vie de contrainte et la richesse n'est évidemment pas le bien que nous cherchons.

Aristote

Pourquoi le désir de richesse nous rend-il esclaves ?

La pureté de l'âme réside en ce qu'elle n'a de penchant pour rien.
Ce qui a un penchant pour quoi que ce soit meurt et ne peut pas subsister.

Maître Eckhart

Le désir vous attache à un objet périssable et vous subissez sa détérioration. Vous voici entraîné de mort en mort.
Y a-t-il un Désir qui ne « tue » pas, qui vous fait progresser ?

Ne projette pas au loin tes désirs.

Épictète

Le désir, aussitôt rassasié, en crée un nouveau.
Cette quête insatiable nous rend malheureux en nous entraînant dans une spirale de gueules de bois. Mais de quel type de désirs s'agit-il ?

Il vous manque l'innocence dans le désir. Où y a-t-il de l'innocence ? Là où il y a la volonté d'engendrer.

Friedrich Nietzsche

Qu'est-ce que « l'innocence dans le désir » et en quoi permet-elle de créer ?

L'amour est le désir de la possession perpétuelle du bien. La nature mortelle cherche toujours la perpétuité et l'immortalité mais elle ne le peut que par la génération, en laissant toujours un individu plus jeune à la place d'un plus vieux.

Platon

Quel est ce bien qui vous pousse à vous renouveler sans cesse ?
En quoi votre vie, sans cesse changeante, est-elle une quête incessante d'immortalité ?

Je ne veux rien être de spécial. Je veux seulement tenter de devenir celle qui est déjà en moi mais cherche encore son plein épanouissement.

Etty Hillesum

Et vous, qui cherchez-vous à être ?

Mai
Pousser : l'élévation

Mai : les plantes s'élèvent vers le ciel. Cette poussée vers le haut symbolise la croissance mais aussi cet élargissement de la conscience dont nous avons parlé le mois dernier : plus vous vous élevez au-dessus d'une situation, plus votre champ de vision s'agrandit. En adoptant le « regard de l'aigle » ou le « point de vue de Sirius », les problèmes se résolvent plus facilement. Dans la vallée, vous restez collé aux difficultés, alors que si vous décollez vers le ciel, elles rapetissent pour apparaître finalement comme de minuscules points noirs. De là-haut, vous êtes aussi capable de voir le contexte qui les entoure et qui contient souvent les solutions appropriées.

Au mois de mai, les oisillons sortent du nid et prennent leur envol. Apprendre, d'après Hegel, c'est quitter son nid douillet pour découvrir des terres inconnues. Cet éloignement vous aidera à tisser votre personnalité et à revenir enrichi dans votre foyer. Le mot « enfant » vient du latin *infans* : celui qui ne sait pas encore parler. Grandir consiste d'abord à développer son langage, la « maison de l'être » selon Heidegger, pour s'extraire de l'état infantile. Plus le langage est riche, plus l'être s'étoffe.

À vous d'en tirer les conséquences en vous plongeant dans la lecture, en dialoguant ou en apprenant une langue étrangère. Et souvenez-vous qu'on apprend tout au long de la vie : l'homme est un oiseau qui ne cesse de quitter son nid. N'est-il pas sur terre pour se perfectionner ?
Pour Platon, vous avez déjà en vous les Idées innées de toutes choses parce que vous les avez contemplées dans un monde intelligible avant de naître. Au contraire, Aristote et Locke pensent que l'esprit du nouveau-né n'est qu'une table rase : vous apprenez tout par l'expérience, à travers vos sens. Kant opère la synthèse entre ces deux optiques : à la naissance, votre esprit est semblable à un ordinateur doté d'un puissant logiciel pour traiter les informations qu'il recevra. Mais vous avez ensuite besoin des données que vous fournissent les sens pour que votre faculté de connaître ait des contenus.

Exercice du mois : l'arbre qui pousse

Le matin, debout après être sorti du lit, imitez l'arbre qui pousse :

- Inspirez en trois temps mais sans saccades :
  – repliez les avant-bras sur la poitrine : l'abdomen se remplit d'air ;
  – écartez les bras « en croix » : inspiration thoracique ;
  – levez les bras verticalement au-dessus de la tête : inspiration « haute ».

- Expirez en laissant redescendre les bras à droite et à gauche du corps. Vous dessinez un grand cercle représentant la frondaison de l'arbre.

Se fortifier :
qu'est-ce qui me rend plus résistant ?

Ce qui est contraire est utile et c'est de ce qui est en lutte
que naît la plus belle harmonie.

Héraclite

L'opposition nous aide à nous fortifier. Avez-vous des exemples à donner dans votre vie ?

Le maître intérieur se porte, après choix, vers le meilleur et s'il rencontre un obstacle,
il s'en fait une matière comme le feu lorsqu'il se rend maître des choses :
il les consume et, par ce qu'on y jette, il s'élève plus haut.

Marc-Aurèle

Qui est ce « maître intérieur » et de quels combustibles a-t-il besoin pour s'élever ?

Même un breuvage se décompose si on ne l'agite pas.

Héraclite

On a besoin d'être bousculé pour progresser.

Ce qui ne te tue pas te rend plus fort.

Friedrich Nietzsche

Trouvez des situations qui illustrent cet aphorisme.

Tu dois imiter la vertu de la colonne : elle devient toujours plus belle et plus fine à mesure qu'elle s'élève, mais plus résistante intérieurement.

Friedrich Nietzsche

D'où provient cette résistance intérieure qui s'accroît au fur et à mesure qu'on grandit ?

Pouvoir dire avec une grande certitude : ceci n'est pas ma voie.

Etty Hillesum

Êtes-vous capable de dire non, quitte à déplaire ?

Le propre du mouvement de la raison humaine est de se donner une limite et de ne jamais être vaincu par les mouvements des sens ni par ceux de l'instinct qui sont de nature animale.

Marc-Aurèle

Revivez une circonstance où le mouvement de votre raison s'est opposé victorieusement à celui de vos sens. Qu'avez-vous ressenti ?

Connaître : d'où viennent mes connaissances ?

Apprendre, c'est se ressouvenir. S'il en est ainsi, il faut nécessairement que notre âme ait existé quelque part ailleurs, avant d'être entraînée dans le corps.

Platon

Où l'homme a-t-il appris ce qu'il connaît déjà à sa naissance ? Dans une vie antérieure ? Dans l'au-delà ? Et quelles sont les conséquences d'une telle affirmation dans l'éducation ?

La science et l'art adviennent aux hommes par l'expérience.

Aristote

Tout nous vient de l'expérience acquise. Que sommes-nous alors à notre naissance ?

Au commencement l'âme est ce qu'on appelle une table rase, vide de tous caractères. Comment vient-elle à recevoir des idées ? À cela, je réponds en un mot : de l'expérience. Nos sens, étant frappés par certains objets extérieurs, font entrer dans notre âme plusieurs perceptions distinctes des choses.

John Locke

Pour vous, y a-t-il une connaissance innée (Platon) ou non (Locke) ?

L'esprit, par ses concepts, est l'auteur de l'expérience qui lui fournit ses objets. La liaison d'une diversité d'éléments ne peut jamais nous venir des sens. Toute liaison est un acte de l'esprit : un acte de synthèse, car nous ne pouvons rien nous représenter comme lié dans l'objet perçu sans l'avoir auparavant lié en nous.

Emmanuel Kant

Notre esprit (faculté de connaître) est comparable à un ordinateur doté d'un logiciel qui traite les données des sens. Pour connaître quelque chose, nous avons donc à la fois besoin des impressions sensorielles et de notre « programme intérieur » qui les assemble.

Inutile d'étendre ainsi les idées au-delà de notre intuition sensible, car nous n'avons plus alors que des concepts vides d'objets.

Emmanuel Kant

Sans expérience sensible, matière première de notre savoir, il n'y a pas de connaissance possible.
Nous ne pouvons pas connaître Dieu et ce qui serait dans l'au-delà.

Si l'on interroge les hommes en posant judicieusement les questions, ils découvrent d'eux-mêmes la vérité sur chaque chose, ce qu'ils seraient incapables de faire s'ils n'avaient en eux-mêmes la science.

Platon

Socrate se comparait à une sage-femme qui, tout en ne sachant pas à l'avance la réponse, faisait accoucher ses interlocuteurs du savoir qu'ils portaient en eux (maïeutique). Pensez-vous que cela soit possible ?

L'enseignement ne revient pas à la maïeutique. Il vient de l'extérieur et m'apporte plus que je ne contiens.

Emmanuel Levinas

L'enseignement ne consiste pas à faire redécouvrir à l'élève ce qu'il connaît déjà. J'ai besoin d'autrui pour apprendre du *nouveau.*

C'est en se taisant que vient la science.

Angelus Silesius

Les connaissances ne peuvent venir en moi que si je leur donne l'hospitalité en libérant un espace. Un vase déjà plein ne peut plus rien recevoir.

Apprendre : de quoi ai-je besoin pour grandir ?

L'homme est une corde tendue entre la bête et le Surhumain.
Je vous enseigne le Surhumain. L'homme est quelque chose qui doit être surmonté.

Friedrich Nietzsche

Je me dépasse, donc je suis. Apprendre, c'est se transcender sans cesse pour atteindre de nouveaux horizons. Mais que faire pour surmonter votre inertie ?

Il y a une qualité très spécifique qui distingue l'homme de l'animal, c'est la faculté de se perfectionner. Un animal est au bout de quelques mois ce qu'il sera toute sa vie.

Jean-Jacques Rousseau

L'homme peut apprendre et progresser durant toute son existence. De nouvelles possibilités s'offrent sans cesse à lui. L'espèce humaine, elle aussi, se perfectionne au fil de l'histoire.

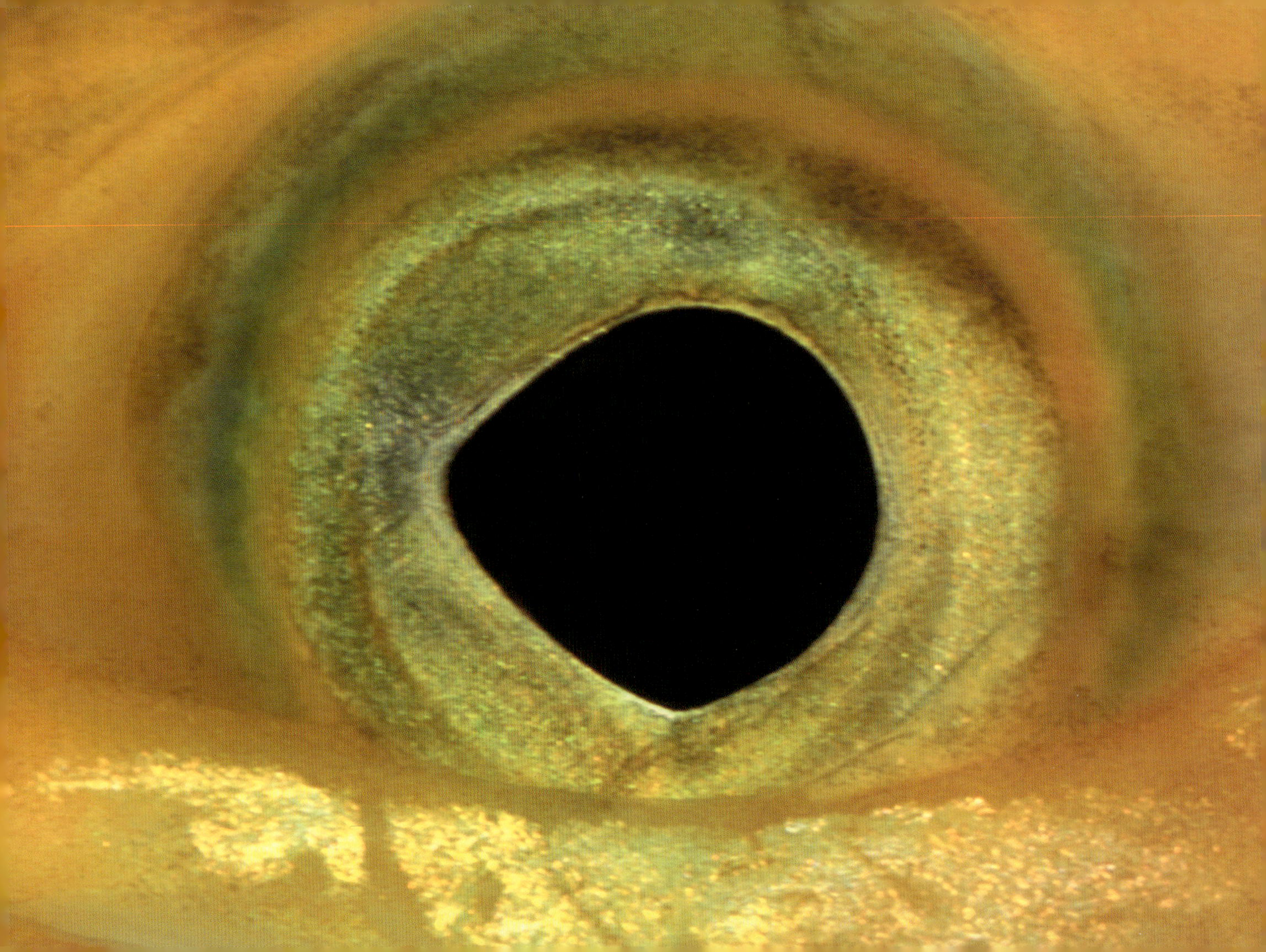

Le fait d'apprendre beaucoup n'instruit pas l'intelligence.

Héraclite

Qu'est-ce qui forme alors vraiment l'intelligence ?

Tu te nourris d'images alors que toi-même tu es Image.
Comment penses-tu donc pouvoir subsister ?

Angelus Silesius

Devant la télévision ou l'ordinateur, on se gave d'images futiles qui encombrent l'esprit, en oubliant l'essentiel : le Soi, image de Dieu. « Connais-toi toi-même et tu connaîtras l'univers et les Dieux » était-il écrit sur le fronton du Temple d'Apollon, à Delphes.

L'éloignement conditionne toute formation. C'est une chance pour la jeunesse de quitter son chez-soi et d'habiter une île lointaine, avec Robinson. La profondeur de notre recherche ne peut être mesurée que par la distance prise par rapport au centre où nous nous trouvions d'abord absorbés et vers lequel nous tendons à retourner.

Georg W. F. Hegel

On se forme en sortant de son cocon, en se dépaysant pour revenir chez soi enrichi. Hegel pense ici à l'apprentissage d'une langue étrangère. Cherchez d'autres exemples !

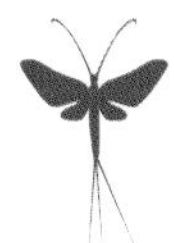

Le langage est la maison de l'être. Dans son abri, habite l'homme.
Les penseurs et les poètes sont ceux qui veillent sur cet abri.

Martin Heidegger

Plus votre langage s'enrichit, plus votre être s'étoffe. Mais comment développer et structurer votre langage ? Par la lecture et le dialogue. En effet, le mot libère la pensée alors que l'image l'enferme dans une seule représentation.

Représente-toi ce qu'aurait fait Socrate en cette circonstance et tu ne seras pas dans l'embarras pour savoir comment t'y prendre.

Épictète

On a besoin de modèles pour grandir. Quels sont vos modèles ?

Si on cherche avec une véritable attention la solution d'un problème de géométrie, et si, au bout d'une heure, on n'est pas plus avancé qu'en commençant, on a néanmoins avancé, durant chaque minute de cette heure, dans une dimension plus mystérieuse. Sans qu'on le sente, cet effort en apparence stérile a mis plus de lumière dans l'âme et le fruit se retrouvera, un jour.

Simone Weil

L'effort soutenu, même stérile, vous fait progresser. Quel fruit développe-t-il en vous ?

S'élever : comment élargir mon point de vue ?

L'homme se distingue de l'animal par le contrôle des désirs : entre la poussée du désir et sa satisfaction, il met la pensée, alors que chez l'animal les deux coïncident. En pouvant freiner ou laisser aller ses désirs, il agit selon des buts et se décide selon l'universel.

Georg W. F. Hegel

Vivre en suivant toujours immédiatement ses désirs, c'est vivre comme un animal. La pensée introduit une *distance*, signe de notre humanité.

La pensée doit être, à toutes les pensées particulières et déjà formées, comme un homme sur une montagne qui, regardant devant lui, aperçoit en même temps sous lui, mais sans les regarder, beaucoup de forêts et de plaines.

Simone Weil

Êtes-vous capables d'adopter un tel regard ? En quoi cette pratique peut-elle vous aider ?

Nourri de choses innocentes et frugales, prêt à voler et impatient de m'envoler, c'est ainsi que je me plais à être ; comment ne serais-je pas un peu comme un oiseau ?

Friedrich Nietzsche

Imiter l'oiseau pour adopter le regard de l'aigle : tel est le défi.

Né mortel, tu es monté, grâce à la science de la nature, jusqu'à l'infinité de l'espace et du temps.

Épicure

En quoi les sciences naturelles vous aident-elles à vous élever et à élargir le champ de votre conscience ?

Je veux prendre mon chemin au milieu des astres élevés, je veux abandonner la terre, ce séjour inerte ; de là-haut, je verrai les hommes errant à l'aventure et tremblant de peur à l'idée de la mort.

Ovide

Exercez-vous, dans toute situation difficile, à prendre le point de vue de Sirius. Quels bienfaits en retirez-vous ?

Contemple les évolutions des astres en pensant que tu es emporté avec eux et pense sans cesse aux transformations des éléments les uns dans les autres. Des représentations de ce genre purifient les souillures de la vie d'ici-bas.

Marc-Aurèle

En quoi un tel regard vous purifie-t-il ?

En Dieu, je suis montagne. C'est moi-même que j'ai à gravir.

Angelus Silesius

Que signifie pour vous : se « gravir soi-même » ?

Regarder en bas sur moi-même et sur mes étoiles : ceci seul serait pour moi le sommet.

Friedrich Nietzsche

Avez-vous déjà vécu une telle situation ? Il existe alors deux « moi ». Lesquels ? Et que symbolisent « mes étoiles » ?

Juin
Fleurir : l'ouverture

Juin : les fleurs s'ouvrent. Elles acceptent à la fois le soleil et la pluie qui, tous deux, leur sont bénéfiques. De même, on ne peut s'ouvrir si l'on reste recroquevillé sur soi-même, si l'on n'est pas prêt à accueillir les événements qui surviennent. Pour les Stoïciens comme pour Einstein, l'univers se présente comme un grand être doué d'*intelligence* et ils s'émerveillent devant cette sublime Raison. L'homme est une parcelle – une cellule – de ce grand Corps animé. Ce qui vous arrive est donc toujours juste et correspond à ce dont vous avez besoin.

Il est aussi impossible de vous ouvrir vraiment en voulant posséder les choses, car vous vous refermeriez aussitôt sur vous-même, dans votre bulle de possédant. L'ego grossirait, certes. Mais qu'est-ce que la taille d'une bulle qui enfle au regard de l'univers ? Maître Eckhart ou Etty Hillesum stigmatisent une telle attitude et préconisent le *laisser être* : en désirant *avoir* les réalités pour vous seul, vous les enfermez dans une cage et vous les empêchez de resplendir telles qu'elles sont naturellement. Vous les voyez à travers la grille de vos concepts et de vos penchants égocentriques. En les laissant exister pour elles-mêmes, vous leur permettez d'exprimer toute leur richesse. Heidegger distingue ainsi la pensée calculatrice qui soumet le monde à ses visées planificatrices et la pensée « méditative » du poète qui respecte l'être. Pour lui, seule cette dernière peut être qualifiée de pensée. N'est-elle pas aujourd'hui en voie de disparition ?

Il faut t'ouvrir comme une rose, dit Angelus Silesius. Mais la rose ne peut éclore que si elle se tourne vers le soleil qui la dépasse infiniment. Le visage d'autrui est votre soleil. Comme l'écrit Levinas, autrui vous parle et, ce faisant, il défait sans cesse l'idée préconçue que vous avez de lui. Vous ne savez pas à l'avance ce qu'il va vous révéler. Il vous transcende. Il met en question les prérogatives de votre ego qui veut tout absorber et rester en bouton, replié sur lui-même.

Enfin vous apprendrez les vertus du dialogue pour vous exercer à l'ouverture. Même s'ils sont en désaccord, les interlocuteurs sont poussés à se dépasser dans leur recherche commune de la vérité. Pourquoi ? Parce qu'ils doivent prendre en compte le point de vue de l'autre.

Exercice du mois : l'écoute d'autrui

Entraînez-vous à écouter vraiment l'autre quand il vous parle :

- Commencez par faire le vide en vous pour être pleinement réceptif à ce qu'il vous dit. Éliminez les pensées parasites et, surtout, ne pensez pas déjà à ce que vous allez lui répondre en énonçant intérieurement un discours préconçu. Donnez-lui pleinement l'hospitalité et accueillez-le en vous sans préjugés, oubliant toutes les étiquettes issues du passé que vous auriez tendance à lui coller.

- Mettez-vous à sa place pour comprendre son point de vue. Un bon moyen consiste à reformuler ses dires dans votre propre langage après qu'il se soit exprimé et à lui demander si vous avez été fidèle à ce qu'il vous a dit.

Laisser être :
qu'est-ce qu'une attitude non violente ?

Ce que je trouvais beau, je le désirais de façon beaucoup trop physique.
Aussi avais-je toujours cette sensation pénible de désir inextinguible.
L'autre soir, en revanche, j'ai réagi tout autrement :
j'ai accueilli dans la joie l'intuition de la beauté de la création divine.

Etty Hillesum

Pourquoi le désir de possession est-il inextinguible ? En quoi consiste son contraire, l'accueil ?

Le monde apparaît maintenant comme un objet sur lequel la pensée calculatrice dirige ses attaques et rien ne doit pouvoir résister. La nature devient un unique réservoir géant pour la technique et l'industrie.

Martin Heidegger

L'homme est un prédateur de la nature qu'il asservit à ses besoins.
En quoi consisterait une attitude respectueuse envers l'environnement ?

Celui qui laisse les choses là où elles sont naturellement les possède là où elles sont un être pur et éternel.

Maître Eckhart

Le véritable être des choses ne peut apparaître que si vous les laissez exister en leur lieu propre. Pourquoi ?

La pensée qui médite doit, comme le paysan, savoir attendre que le grain germe et que l'épi mûrisse.

Martin Heidegger

Savez-vous adopter cette attitude d'attente et de patience face aux êtres en les laissant exister selon leur propre rythme ?

Les biens les plus précieux ne doivent pas être cherchés, mais attendus. Car l'homme ne peut les trouver par ses propres forces et, s'il se met à leur recherche, il trouvera à la place de faux biens.

Simone Weil

Pourquoi l'effort crispé d'une recherche nous procure-t-il de « faux biens » ?

Est violente toute action où l'on agit comme si l'on était seul à agir. Presque toute causalité est dans ce sens violente : la fabrication d'une chose, la satisfaction d'un besoin, le désir et même la connaissance d'un objet.

Emmanuel Levinas

Quel serait alors un comportement non violent ?

Aimez vos ennemis, faites du bien à ceux qui vous haïssent. À qui te frappe sur une joue, présente encore l'autre.

Jésus de Nazareth

Que provoque cette attitude chez l'autre ? Met-elle fin à la spirale de la violence ?

Si vous avez un ennemi, ne lui rendez pas le bien pour le mal ; car il en serait humilié. Démontrez-lui, au contraire, qu'il vous a fait du bien.

Friedrich Nietzsche

Nietzsche n'est pas d'accord avec Jésus. Le respect suprême consiste à contrer l'autre pour éviter qu'il n'ait honte de lui-même.

Accueillir : vers quoi déployer mes pétales ?

Rien ne peut pénétrer dans un être qui par le mal s'est fermé sur lui-même. Il faut qu'il se ressaisisse d'abord lui-même pour être guéri de l'extérieur.

Emmanuel Levinas

Une fleur qui resterait en bouton dépérirait. Elle a besoin de s'ouvrir aux rayons du soleil et de la visite des abeilles pour s'épanouir et en féconder d'autres. Ne restez pas en bouton !

Dans toutes les œuvres de la Nature, il y a quelque chose de merveilleux.

Aristote

Promenez-vous dans la nature en éliminant toute pensée parasite et nourrissez-vous de sensations : couleurs, senteurs, chants des oiseaux… Goûtez toutes ces merveilles.

L'art imite la nature.

Saint Thomas d'Aquin

Êtes-vous d'accord avec cette affirmation et, si oui, quelles en sont les conséquences ?

Autrui n'est pas une réédition du moi ; en sa qualité d'autrui, il se situe dans une dimension de hauteur, de l'idéal, du divin et, par ma relation avec autrui, je suis en relation avec Dieu.

Emmanuel Levinas

M'ouvrir à l'autre, c'est me rendre compte qu'il me dépasse, que je ne puis l'englober dans mes concepts. Dans ce sens, il est la trace du Très-Haut.

Il faut laisser de côté les bruits qui viennent du monde sensible pour garder la puissance de conscience pure et prête à entendre les sons qui viennent d'en haut.

Plotin

Mettez entre parenthèses les sensations provenant du monde extérieur ou du corps pour vous ouvrir à votre esprit dans toute sa pureté en écoutant ces « sons qui viennent d'en haut ». Quels sont-ils ?

Ne laissez pas votre vertu s'envoler des choses terrestres et battre des ailes contre des murs éternels ! Ramenez, comme moi, la vertu égarée sur la terre. Oui, ramenez-la vers le corps et vers la vie.

Friedrich Nietzsche

S'ouvrir au « Ciel de l'intelligence » ou à la « Terre » ? Qu'en pensez-vous ?

En excluant la mort, on se prive d'une vie complète ; en l'y accueillant, on élargit et on enrichit sa vie.

Etty Hillesum

Pourquoi se prive-t-on d'une « vie complète » en excluant la mort ?

Dieu se précipite en toute âme dès qu'elle est entrouverte pour aimer et admirer à travers elle la beauté sensible de sa propre création.

Simone Weil

Ce n'est plus mon petit moi qui regarde le monde mais Dieu qui le regarde à travers moi.
Quelle est la différence entre ces deux niveaux du moi, entre ces deux regards ?

S'ouvrir à l'autre : oui mais comment ?

Le dialogue apprend aux interlocuteurs à se mettre à la place de l'autre, donc à dépasser son propre point de vue. Ils découvrent par eux-mêmes et en eux-mêmes une vérité indépendante d'eux dans la mesure où ils se soumettent à une autorité supérieure : le LOGOS.

Pierre Hadot

En quoi le dialogue vous aide-t-il à vous dépasser ? Quel est ce LOGOS, cette autorité supérieure ?

Platon était l'ami d'Aristote au moment même où ils étaient en désaccord sur la nature du bien ; leur préoccupation commune les unissait ; leur désaccord prouvait qu'ils avaient besoin l'un de l'autre pour le comprendre et ils ne formaient alors qu'une seule âme.

Allan Bloom

C'est la recherche commune du bien qui nous unit, même en cas de désaccord. Mon ami ne pense pas forcément comme moi et nos points de vue s'enrichissent. Avez-vous déjà vécu une telle expérience ?

La manière dont se présente l'Autre, dépassant l'idée de l'autre en moi, nous l'appelons visage. Le visage d'Autrui détruit à tout moment et déborde l'image plastique qu'il me laisse, l'idée à ma mesure. Il s'exprime.

Emmanuel Levinas

Ouvrez-vous vraiment au visage d'autrui en réalisant qu'il défait sans cesse l'image que vous avez de lui en vous révélant du *nouveau.* Vous ne pouvez le figer, sauf sur une photo ou… s'il est mort et prend une forme cadavérique.

Le visage n'est pas l'assemblage d'un nez, d'un front, d'yeux, etc., il est tout cela certes, mais prend la signification d'un visage par la dimension nouvelle qu'il ouvre dans la perception d'un être.

Emmanuel Levinas

Quelle est cette dimension nouvelle que le visage ouvre dans votre perception ?

Quand tu présentes ton offrande à l'autel, si tu te souviens que ton prochain a quelque chose contre toi, laisse là ton offrande et va d'abord te réconcilier avec ton frère.

Jésus de Nazareth

La relation avec autrui passe avant tout culte. On ne peut pas aimer Dieu sans aimer le prochain.

Par la connaissance, j'accueille Dieu en moi ; par l'amour, je pénètre en Dieu.

Maître Eckhart

Vous pouvez tout aussi bien remplacer « Dieu » par « Autrui ». En quoi l'amour diffère-t-il de la connaissance ? La suppose-t-il ?

Et de quoi me servent toutes choses si je n'ai pas l'amour ?

Etty Hillesum

L'amour n'est-il pas la plus grande source d'ouverture à l'autre ? Quel est cet amour ?

Accepter ce qui est : faut-il consentir à tout ce qui arrive ?

Il n'arrive à personne rien qu'il ne soit naturellement à même de supporter.

Marc-Aurèle

Êtes-vous d'accord avec cette affirmation ? Quelles en sont les conséquences ?

Veuille que ce qui arrive, arrive comme il arrive et tu seras heureux.

Épictète

Pourquoi cette acceptation des événements vous rendrait-elle plus heureux ?

Tout ce qui arrive est aussi habituel et prévu que la rose au printemps et les fruits en été ; il en est ainsi de la maladie, de la mort et de tout ce qui réjouit ou afflige les sots.

Marc-Aurèle

Ai-je encore un espace de liberté si je ne puis infléchir les événements ? Où se situe-t-il ?

Il faut accueillir Dieu également en toutes choses, dans les peines comme dans la satisfaction, dans les larmes comme dans la joie. En toutes choses, il doit être le même pour toi.

Maître Eckhart

Tout ce qui arrive vient de Dieu. Or Dieu ne varie pas : il reste égal à lui-même. Êtes-vous capable d'une telle équanimité ?

Les philosophes n'ont fait qu'interpréter le monde ; il s'agit de le transformer.

Karl Marx

Faut-il accepter les événements sereinement comme le préconisent Épictète et Marc-Aurèle ou bien se révolter contre certains en essayant de les changer ?

Les vrais philosophes commandent et font la loi. Leur connaissance est une création, leur création une législation et leur volonté de vérité, volonté de puissance.

Friedrich Nietzsche

Se dépasser pour transformer le monde : souvenez-vous du lion qui nous libère du passé pour donner naissance à l'enfant créant de nouvelles valeurs !

La volonté est créatrice. Tout ce « qui fut » est fragment et énigme et épouvantable hasard, jusqu'à ce que la volonté créatrice ajoute : « Mais c'est ainsi que je le voulais, que je le veux et que je le voudrai ».

Friedrich Nietzsche

Je ne dois pas subir ce qui m'arrive mais assumer le passé et enfanter l'avenir par la force de ma volonté. Comment cultiver une telle volonté ?

Été

En soi : le plein épanouissement

Si je ne suis pas moi, qui le sera ?
Rabbi Hillel

Juillet

Resplendir : l'intensité de la vie

Juillet : la nature est en équilibre sous le soleil. Les oiseaux chantent et les couleurs foisonnent. C'est un moment propice pour savourer la vie dans toute sa plénitude, en vivant intensément l'instant présent. Comment ? Par exemple en goûtant la saveur d'aujourd'hui comme si c'était votre dernier jour. Montaigne et Rousseau vous recommandent de ressentir une pure joie d'exister plutôt que de vous affairer vers mille objectifs, sources de tracas. Le culte de la performance, si en vogue à notre époque, vous perfore et vous vide de votre être essentiel en gaspillant votre énergie. Votre puits s'assèche, vous êtes épuisé. Prenez donc le temps d'*être* sans vous laisser entraîner dans la spirale du faire !

Le sage ressemble à un *puits* qui étanche les soifs lors de la canicule. Il attire les hommes tout en restant discret. On ne le voit pas de loin car il ne s'impose pas comme une colonne dressée fièrement vers le ciel. Et si vous imitiez ce sage ? Pour cela, il vous faut garder de l'eau pure dans votre puits.

Qu'est-ce qu'une vie heureuse ? Pour Aristote, le bonheur se trouve dans l'accomplissement d'un acte qui a son but en lui-même : jouer par plaisir une partie de tennis et non disputer ce match sous pression pour le gagner absolument. Tout le malheur de l'homme ne vient-il pas du fait que la proportion « d'actes pour autre chose » est largement supérieure à celle des « actes pour l'acte » ? Il court, il court, en oubliant que le paradis est en lui, là dans l'instant présent et non dans le futur vers lequel il s'agite en laissant de côté l'essentiel, l'*essence ciel*. Essayez donc d'agir pour la simple joie de l'acte, sans *pour quoi* !
C'est aussi en étant vraiment soi-même qu'on sera heureux, constate Aristote. Or la spécificité de l'homme, c'est son intelligence et les plaisirs de l'esprit surpassent ceux de la chair. Chaque personne est aussi unique. Le bonheur consiste à jouer sa note propre dans le grand concert de l'univers et à donner le meilleur de soi.

Exercice du mois : la plénitude de l'acte

En cette période où débutent les vacances, recherchez et accomplissez des actes que vous désirez pour eux-mêmes en vous inspirant du tableau suivant :

Acte pour autre chose	**Acte sans « pour quoi » : acte pour l'acte**
En vue du futur ou par regret du passé.	**Dans la présence du présent** (exemples : marcher dans la nature, déguster un bon repas, écouter de la musique…)

Vivre pleinement : comment savourer la vie ?

Je n'ai rien faict d'aujourd'huy. – Quoy ? avez-vous pas vescu ? C'est non seulement la fondamentale, mais la plus illustre de vos occupations. C'est une absolue perfection de sçavoyr jouyr totalement de son estre.

Michel de Montaigne

Être ou faire ? S'émerveiller de chaque instant de vie ou s'affairer sous le poids des préoccupations ? À vous de choisir !

De quoi jouit-on dans une pareille situation ? De rien d'extérieur à soi, de rien sinon de soi-même et de sa propre existence ; tant que cet état dure, on se suffit à soi-même comme Dieu.

Jean-Jacques Rousseau

Vivez-vous parfois de tels moments ? Si oui, conservez-les comme un trésor en vous.

L'homme laborieux n'a pas le loisir qui convient à une véritable intégrité de chaque jour. Son travail en subirait une dépréciation sur le marché. Il n'a le temps d'être rien d'autre qu'une machine.

Henry David Thoreau

Le travail peut devenir un asservissement et vous empêcher de vivre.
Est-ce votre cas et, si oui, comment sortir de cet esclavage ?

Si l'on entend par éternité non pas une durée temporelle infinie, mais l'intemporalité, alors celui-là vit éternellement qui vit dans le présent.

Ludwig Wittgenstein

Pourquoi le présent nous fait-il toucher l'éternité ? Avez-vous déjà éprouvé cette sensation ?

Qui a vu ce qui est dans le présent a tout vu, tout ce qui a été et tout ce qui sera car tout est semblable.

Marc-Aurèle

Pourquoi Marc-Aurèle peut-il dire cela ? Essayer d'imaginer en quoi le présent contient *tout*.

Les insensés vivent dans l'attente des biens futurs et, sachant qu'ils sont incertains, ils sont consumés d'anxiété.

Cicéron

Quelles sont ces vaines espérances qui vous rongent et vous empêchent de vivre le présent ?

Il y a trois temps : le présent du passé, le présent du présent et le présent du futur.
Ces trois sortes de temps n'existent que dans notre esprit. Le présent du passé, c'est la mémoire ;
le présent du présent, c'est l'intuition directe ; le présent de l'avenir, c'est l'attente.

Saint Augustin

Vous vivez en fait toujours dans le présent qui contient tout et qui est votre unique terrain de jeu. Prenez-en conscience !

Persuade-toi que chaque jour nouveau qui se lève sera pour toi le dernier.
C'est alors avec gratitude que tu recevras chaque heure espérée.

Horace

Que feriez-vous si aujourd'hui était votre dernier jour ? C'est comme cela qu'il faut vivre.

Trouver son équilibre : qu'est-ce qu'une vie juste ?

La vertu est un juste milieu qui, dans l'ordre de l'excellence, est un sommet.
Par exemple, le courage est un juste milieu entre la peur et la témérité.
Ce juste milieu est digne d'éloge tandis que les extrêmes sont répréhensibles.

Aristote

Avant de prendre une décision et d'agir, représentez-vous les extrêmes puis le juste milieu, sommet entre deux précipices. Trouvez quelques exemples concrets de ce point d'équilibre entre les deux antipodes.

Entre plusieurs opinions également reçues, je ne choisissais que les plus modérées,
tout excès ayant coutume d'être mauvais.

René Descartes

Êtes-vous d'accord avec ce principe de Descartes ? Vous comportez-vous ainsi ?

Agir, parler et penser en homme qui peut sortir à l'instant de la vie.
Accomplis chaque action de ta vie comme si c'était la dernière en te tenant éloigné de toute légèreté.

Marc-Aurèle

Pourquoi le fait de penser que chaque acte peut être le dernier vous incite-t-il à l'attitude juste ?

Pour moi, tous les êtres doivent être divins. Tous les jours doivent être sacrés.

Friedrich Nietzsche

Tel est le regard juste sur les êtres et les événements. Comment y parvenir ?

La Joie est le passage de l'homme d'une moindre à une plus grande perfection.
La Tristesse est le passage de l'homme d'une plus grande à une moindre perfection.

Baruch Spinoza

La joie est la mesure d'une vie juste et bonne. Quelle est cette joie ? La ressentez-vous parfois ?

Celui qui ne se prononce ni sur ce qui est bon ni sur ce qui est mauvais ne fuit rien et ne se dépense pas en vaines poursuites. Aussi connaît-il la quiétude qui accompagne la suspension du jugement.

Sextus Empiricus

Il faut suspendre nos jugements pour vivre de manière juste et tranquille.
Telle est l'opinion du scepticisme qui est aussi une sagesse de vie. Qu'en pensez-vous ?

Quiconque s'élève sera abaissé, et quiconque s'abaisse sera élevé.

Jésus de Nazareth

L'orgueilleux qui se place au-dessus des autres ne peut que chuter un jour : sa gloire factice passera.
L'humble, au contraire, ressemble au puits qui s'enfonce dans le sol et attire sans se mettre en avant.

Vivre heureux : où réside mon bonheur ?

Nous choisissons le bonheur toujours pour lui-même et jamais en vue d'autre chose. La vie des gens de bien n'a nullement besoin que le plaisir vienne s'ajouter comme un postiche, mais elle a son plaisir en elle-même. C'est en elles-mêmes que les actions excellentes doivent être des plaisirs.

Aristote

Le bonheur réside dans l'acte accompli pour lui-même et non en vue d'un but extérieur : la marche en montagne, par plaisir, n'est pas identique au pas rapide pour prendre un train.

Ce qui est beau par essence a-t-il besoin d'autre chose ? Quelle est la chose qui est belle parce qu'on la loue ou qui se corrompt parce qu'on la critique ? L'émeraude perd-elle de sa valeur si elle n'est pas vantée ?

Marc-Aurèle

Soyez vous-même, dans toute la beauté de votre génie propre, en agissant en âme et conscience, sans vous préoccuper de l'opinion des autres !

La rose est sans pourquoi, fleurit parce qu'elle fleurit,
n'a souci d'elle-même, ne désire être vue.

Angelus Silesius

Et si vous viviez comme la rose, sans vous poser mille questions ?

Si le bonheur résidait dans les plaisirs du corps,
nous proclamerions heureux les bœufs quand ils trouvent des pois à manger.

Héraclite

Pourquoi le vrai bonheur ne réside-t-il pas dans les plaisirs de la chair ?

Peu savent être heureux : jouets des passions, tour à tour ballottés par des vagues contraires, ils roulent sans pouvoir résister à l'orage.

Pythagore

On ne peut pas être heureux en étant l'esclave de passions contraires, si une foule de petits « moi » aimantés par les pulsions se bousculent en nous. Que faire alors pour sortir de ce marasme ?

C'est dans la fonction propre que réside le bonheur. Or le simple fait de vivre est une chose que l'homme partage même avec les végétaux. Vient ensuite la vie des sensations mais elle est commune avec les animaux. Reste donc la vie active de l'esprit qui est le propre de l'homme.

Aristote

C'est dans l'exercice de la pensée que l'homme sera vraiment heureux. Mais en quoi consiste pour vous cette « vie active de l'esprit » ?

Mais bien manger et bien boire, ô mes frères, cela n'est en vérité pas un art vain !
Brisez-moi les tables des éternellement mécontents !

Friedrich Nietzsche

Les plaisirs de la bonne chère sont-ils incompatibles avec ceux de l'esprit ?
Si vous jugez que non, dégustez un repas entre amis, mais plongez-vous aussi dans un livre de philosophie !

Quel dommage qu'à l'instar des oiseaux des bois, nous, les hommes,
nous ne chantions ensemble de tout cœur chacun sa note !

Angelus Silesius

Jouer sa note propre, très bien. Mais il faut tenir compte des autres et connaître toute la mélodie pour être en harmonie avec l'ensemble.

Vivre dans sa chair : le corps, prison de l'âme ou foyer d'épanouissement ?

Les philosophes savent que, avant que la philosophie ait pris la direction de leur âme, elle était forcée de considérer les réalités au travers du corps comme à travers les barreaux d'un cachot.

Platon

Pourquoi le corps, selon Platon, est-il une entrave à la philosophie ? En quoi s'apparente-t-il à une prison ?

Les vrais philosophes se gardent de toutes les passions du corps.

Platon

Êtes-vous d'accord ?

C'est seulement dans la chair qui souffre ou s'apaise que notre moi – notre âme – émerge et se révèle à lui-même comme à autrui.

Épicure

Pour Épicure, le corps est indispensable à la révélation de soi.

Mais celui qui est éveillé et conscient dit : Je suis corps tout entier et rien autre chose ; l'âme n'est qu'un mot pour une parcelle du corps. [...] Tu dis « moi » et tu es fier de ce mot. Mais ce qui est plus grand, c'est – ce à quoi tu ne veux pas croire – ton corps et son grand système de raison : il ne dit pas moi, mais il est moi.

Friedrich Nietzsche

Le corps est notre vrai moi et l'âme n'est qu'un vain mot. Mépriser le corps, c'est se mépriser soi-même. Qu'en pensez-vous ? Faut-il s'identifier au corps ou, au contraire, comme le souhaite Platon, se désincarner ? Mais au fait, s'agit-il du corps vu sous un même angle ?

Ne plus cacher sa tête dans le sable des choses célestes, mais la porter fièrement : une tête terrestre qui crée le sens de la terre. [...] Ce furent des malades et des décrépits ceux qui méprisèrent le corps et la terre [...].

Friedrich Nietzsche

Pourquoi Nietzsche dénonce-t-il cette dérive vers un Ciel après la mort ?

L'Âme et le Corps sont une seule et même chose qui est conçue tantôt sous l'attribut de la Pensée, tantôt sous celui de l'Étendue. En conséquence l'ordre des actions et des passions de notre Corps concorde par nature avec l'ordre des actions et des passions de l'Âme.

Baruch Spinoza

Le corps est la pensée de l'âme incarnée dans l'espace : il la manifeste.

L'homme doit faire acte de s'incarner, car il est désincarné par l'imagination.

Simone Weil

Être là, dans votre corps, pleinement présent, en vivant vos sensations plutôt que de vous laisser emporter par les eaux tumultueuses de l'imagination. Faites cette expérience !

L'âme est un cristal, la divinité est sa transparence ; ton corps, dans lequel tu vis, leur écrin à tous deux.

Angelus Silesius

Le corps ne doit pas être méprisé : c'est le temple de l'Esprit.

Août

Mûrir : l'approfondissement

Août : le fruit mûrit. Mais que veut dire « mûrir » ? Il s'agit tout d'abord d'intégrer des *valeurs*. Ce mot dérive étymologiquement du latin *valere* signifiant « se bien porter ». Une valeur n'est donc pas un devoir imposé de l'extérieur pour vous couper les ailes et rigidifier votre existence. Elle vous aide à mieux vivre et vous en faites votre miel, comme le dit joliment Montaigne. Mais d'où proviennent vos idéaux ? Pour Platon, nous l'avons vu, ils existent de toute éternité dans le ciel des Idées alors que pour Nietzsche il faut les définir vous-même : le propre de l'homme est de créer de nouvelles valeurs. Quant à Marc-Aurèle, il voit des principes vivants en évolution, qui se transmettent de génération en génération : l'homme va puiser ses règles de comportement dans ce grand réservoir de l'humanité et il les fait revivre en lui.
Vous apprendrez ce mois-ci à développer des qualités pour mûrir. Avant tout, vous vous initierez à l'art de l'examen de conscience en compagnie de Pythagore et de Sénèque. La première qualité n'est-elle pas la lucidité vis-à-vis de soi-même ? Cette auto-analyse apparaît comme le phare qui

éclaire votre route. Mais il ne suffit pas de penser et de s'examiner. C'est par la *pratique* que les valeurs s'incarneront dans votre vie et prendront tout leur éclat. Après vous être clairement représenté la qualité dans votre esprit, vous la manifesterez concrètement dans vos attitudes.

Enfin, vous vous interrogerez sur la nature de votre liberté : est-elle toujours une valeur à cultiver ? Tout dépend de ce qu'elle est. Si elle se définit comme la liberté de faire ce que je veux quand je le veux, elle est le carburant d'un ego prédateur et elle tend à écraser autrui. Pascal et Levinas vous invitent donc à remettre en question cette liberté arbitraire du plus fort. Pour Kant, la liberté équivaut à l'autonomie d'une volonté qui se dégage des pulsions égoïstes pour se décider selon les lois universelles de la pure raison, commune à tous les humains. L'homme croyant agir librement en réalisant tous ses caprices est-il vraiment libre ? N'est-il pas au contraire enchaîné à ses penchants ?

Exercice du mois : l'examen de conscience

- Le soir avant de vous coucher ou le matin au réveil, commencez par prendre conscience de votre corps puis de votre respiration avant d'observer vos pensées, sans intervenir : regardez-les évoluer comme des nuages dans votre ciel intérieur. Vous constaterez que cette simple observation suffit à ralentir leur course.

- Faites maintenant défiler les principaux épisodes de la journée écoulée (soir) ou les événements que vous projetez de vivre aujourd'hui (matin). Visualisez clairement ces situations sur la scène de votre esprit, en leur donnant un titre et en les commentant brièvement.

Découvrir ses valeurs : d'où viennent mes idéaux ?

Dans la philosophie pratique, il s'agit de poser, non pas des principes de ce qui arrive, mais des lois de ce qui doit arriver, quand bien même cela n'arriverait jamais.

Emmanuel Kant

Une valeur ne s'enracine pas dans ce qui est mais dans ce qui *doit être*. Pourquoi ?
Et où prend-elle sa source si ce n'est pas dans la réalité autour de nous ?

Il faut que nous ayons eu connaissance de l'égalité avant le temps où, voyant pour la première fois des choses égales, nous nous sommes dit : ces choses semblent être égales mais ne le sont qu'imparfaitement. Ce que nous disons ici s'applique à tout ce que nous marquons du sceau de l'absolu.

Platon

Nous portons en nous des valeurs innées – des modèles – qui nous permettent d'évaluer les choses.
On ne peut juger d'une valeur que si elle a été préalablement contemplée dans toute sa pureté.
Mais où et quand cela s'est-il donc passé ?

L'art de penser naît lorsque, d'une multitude de choses expérimentales,
se dégage un seul jugement, applicable à tous les cas semblables.

Aristote

La base des jugements vient des expériences concrètes d'où nous tirons par abstraction un principe général qui nous servira d'étalon.

La vraie voie de l'amour, c'est de partir des beautés sensibles et de monter sans cesse vers cette beauté surnaturelle en passant par échelons d'un beau corps à deux, puis des beaux corps aux belles actions, puis aux belles sciences, pour aboutir à la contemplation du Beau tel qu'il est en soi.

Platon

Dans cette « dialectique ascendante », Platon passe graduellement du particulier au général et du sensible à l'intelligible, à l'Idée. Faites le même exercice pour le juste et le bien.

La sagesse consiste en une seule chose : à connaître la pensée qui gouverne tout et partout.

Héraclite

Quelle est cette « pensée » qui gouverne tout ? Quelles en sont les caractéristiques ?

En vérité, les hommes se donnèrent eux-mêmes leur bien et leur mal. Ils ne les écoutèrent point comme une voix descendue du ciel. C'est l'homme qui créa le sens des choses, un sens humain.

Friedrich Nietzsche

Les valeurs ne descendent pas d'un « ciel » éternel. C'est l'homme qui les crée pour rendre le monde plus humain.

S'il n'y avait pas d'injustice, on ignorerait jusqu'au nom de la justice.

Héraclite

Une valeur se définit par opposition à son contraire. Pensez-vous que le bien ne peut être connu que grâce à son contraire, le mal ? Mais si oui, le mal est-il alors nécessaire ?

S'analyser avec lucidité : comment affiner mon jugement ?

Il n'y a rien qui soit entièrement en notre pouvoir que nos pensées.

René Descartes

C'est en observant vos pensées puis en les modifiant si nécessaire que vous progresserez.

Je vois que mon enfant est malade mais qu'il soit en danger, je ne le vois pas.
Ainsi donc, restes-en toujours aux faits que tu perçois ;
n'y ajoute rien au-dedans de toi-même et rien de plus ne t'arrivera.

Marc-Aurèle

Exercez-vous à vous en tenir aux faits sans les amplifier par des jugements subjectifs basés sur la peur ou l'espoir. Contentez-vous d'un constat : ceci est. Point à la ligne.

L'eau de mer est à la fois très pure et très impure ; pour les poissons, elle est potable ; pour les hommes, elle est imbuvable.

Héraclite

Nous voici en face de la relativité des jugements ! Cherchez d'autres exemples !
Comment transformer l'affirmation « l'eau est imbuvable » en un jugement objectif. Sur quoi se fonde l'objectivité du jugement ?

J'examine toute ma journée et je mesure mes faits et dits ; je ne cache rien, je ne me passe rien. Est-il rien de plus beau que de scruter toute une journée ? Comme le sommeil qui suit est tranquille !

Sénèque

Faites l'exercice : passez en revue votre journée, en images rapides !

Ne laisse pas le sommeil tomber sur tes yeux avant d'avoir pesé tous les actes du jour. Qu'ai-je fait ? Quels devoirs ai-je omis ? Après quoi, blâme ce qui est mal fait, du bien réjouis-toi !

Pythagore

L'examen prend ici une tournure plus morale : il s'agit de vous juger devant votre tribunal intérieur.

Celui pour qui, chaque jour, sa vie a été complète, possède la paix de l'âme.

Sénèque

Le soir, pouvez-vous dire : ma vie a été complète aujourd'hui ? Qu'est-ce qu'une vie quotidienne « complète », selon vous ?

Quel singulier rapport a naturellement le plaisir avec ce qui passe pour son contraire, la douleur ! Ils refusent de se rencontrer mais qu'on poursuive l'un et qu'on l'attrape, on est presque toujours contraint d'attraper l'autre.

Platon

Plaisir et douleur sont liés. Mais de quel plaisir s'agit-il ici ?
Existe-t-il une joie authentique qui n'entraîne pas *irrémédiablement* une souffrance et, si oui, laquelle ?

La douleur n'est ni intolérable ni éternelle si tu te souviens de ses limites et si tu n'y ajoutes rien par l'opinion que tu t'en fais.

Épicure

Si vous souffrez, rappelez-vous que la douleur ne va pas durer toujours et ne la renforcez pas par des images mentales négatives.

Se perfectionner : comment acquérir des qualités pour mûrir ?

Le plus important n'est pas de vivre mais de bien vivre.

Platon

Que signifie « bien vivre » pour vous ?

Les principes et les valeurs vivent. Comment pourraient-ils mourir, à moins que ne s'éteignent leurs représentations ? Or, ces représentations, il est en ton pouvoir de les ranimer sans cesse.

Marc-Aurèle

Les valeurs ne disparaissent jamais. Vous pouvez puiser dans ce grand réservoir de l'humanité et vous représenter le Beau, le Bien ou le Vrai quand bon vous semble. N'hésitez pas !

Ceux qui ont commencé à apprendre enchaînent les formules, mais n'en savent pas encore le sens, car il faut qu'elles soient partie intégrante de notre nature.

Aristote

Comment procéder pour assimiler un savoir, pour en faire une part de notre vie ?

Les abeilles pilotent deçà, delà les fleurs mais elles en font après leur miel qui est tout leur ; ce n'est ni thym ni marjolaine : ainsi les pièces empruntées d'autruy, l'homme les transformera pour en faire un ouvrage tout sien.

Michel de Montaigne

Faire son miel du savoir. Comment imiter l'abeille ?

C'est en pratiquant les actions justes que nous devenons justes.

Aristote

Une once de pratique vaut mieux qu'une tonne de théorie : la sagesse vient par l'exercice.

Ne condamnez pas et vous ne serez pas condamnés ; pardonnez et il vous sera pardonné ; donnez et l'on vous donnera.

Jésus de Nazareth

Si je veux qu'autrui fasse preuve de bienveillance envers moi, je dois d'abord cultiver cette qualité en moi. Telle est la loi de la réciprocité : le semblable attire le semblable.

L'âme n'est pas une exigence d'immortalité mais une impossibilité d'assassiner.

Emmanuel Levinas

Pour cultiver votre âme, inutile de spéculer sur une éventuelle vie après la mort. Apprenez à regarder l'autre !

Loin de la place publique et de la gloire demeurèrent de tout temps les inventeurs de valeurs nouvelles.
Fuis dans la solitude !

Friedrich Nietzsche

Pourquoi fuir la place publique pour devenir soi-même en étant créatif ?

Vivre librement : ma liberté est-elle bonne ?

D'un côté, en tant qu'il appartient au monde sensible, l'homme est soumis aux lois de la nature ; de l'autre côté, faisant partie du monde intelligible, il est soumis à des lois fondées uniquement dans la raison.

Emmanuel Kant

Prenez conscience de ces deux mondes auxquels vous appartenez : le monde sensible par votre corps et vos sens soumis à la nature ; le monde intelligible par votre volonté libre, qui se décide en suivant la pure raison, indépendamment des penchants.

La perfection morale est liée indissolublement au concept d'une libre volonté.

Emmanuel Kant

Pourquoi ? Qu'est-ce qu'une volonté libre et bonne ?

L'indépendance à l'égard des causes déterminantes du monde sensible, c'est la liberté. Nous voyons bien que lorsque nous nous concevons comme libres, nous nous transportons dans un monde intelligible.

Emmanuel Kant

Pourquoi ne sommes-nous pas vraiment libres en nous situant dans le monde sensible ? Que faire concrètement pour devenir libres ? Pensez-vous que cette volonté libérée des penchants est forcément bonne ou pouvez-vous donner des contre-exemples ?

La volonté délivre, car la volonté est créatrice.

Friedrich Nietzsche

La liberté prend sa source dans la volonté. Cette volonté de s'affirmer par la création – cette « volonté de puissance » – est-elle la volonté libre de Kant ? Est-elle toujours bonne ?

La vérité vous rendra libres.

Jésus de Nazareth

Quelle est cette vérité qui nous libère et en quoi consiste cette liberté ?

Celui qui glorifie le Moi et qui sanctifie l'égoïsme, celui-là en vérité dit ce qu'il sait, le devine : « Voici, il vient, il s'approche, le grand midi ».

Friedrich Nietzsche

Nietzsche sanctifie l'affirmation de soi : le moi créateur doit faire sa place au soleil de midi.

« C'est là ma place au soleil » : voilà le commencement et l'image de l'usurpation de toute la terre.

Blaise Pascal

Faire sa place au soleil est-il positif ou négatif ?

La morale commence lorsque la liberté, au lieu de se justifier par elle-même, se sent arbitraire et violente. Accueillir autrui, c'est mettre ma liberté en question.

Emmanuel Levinas

Pour Kant, le fondement de l'éthique réside dans la volonté libre, dans l'autonomie.
Levinas au contraire base le bien moral sur la remise en question de ma liberté par autrui. Mais s'agit-il de la même liberté ?

Septembre
Fructifier : l'accomplissement

Septembre : le fruit a mûri grâce à une collaboration entre le ciel et la terre qui ont fait intervenir de multiples facteurs : la lumière du soleil, l'eau de pluie, les racines de l'arbre… S'accomplir, c'est d'abord prendre conscience de tous nos niveaux d'appartenance, de toutes les matrices à l'intérieur desquelles nous avons grandi : le corps, le groupe, l'humanité, le cosmos. Je suis une source de conscience infinie, car elle peut s'identifier à une infinité de formes qui l'alimentent. Je crée ma propre identité en choisissant certains contenus plutôt que d'autres : pratique du football et non du rugby, études de Lettres et non de Sciences…

Mais je puis aussi me *dilater* en cessant de me prendre pour mon corps physique et en m'identifiant au « grand Corps » de toutes mes perceptions, au grand tout de l'univers. Ce n'est alors plus moi qui suis dans le monde mais bien le monde qui évolue en moi. Me voici devenu tout l'univers, contemplé d'un point de vue unique. Autrui le perçoit sous un

autre angle. Chacun d'entre nous voit son propre monde et c'est par le langage que nos univers communiquent. En me parlant, autrui troue ma grande sphère et il m'offre son monde à lui.
Cette dilatation de la conscience où je deviens l'ensemble de mes représentations a un côté positif : je me détache de mon petit corps et de mon ego crispé sur une minuscule parcelle de possessions périssables. L'essentiel ne m'échappe-t-il pas ? Je ne vois que la surface des êtres mais non la profondeur de leur intériorité qui n'est englobée ni dans ma conscience ni dans un système totalitaire, aussi sophistiqué soit-il. Ces fortes paroles d'un rescapé roumain des geôles de Ceausescu illustrent bien cette vérité : « Ils m'ont dépouillé de tout. Mais mon espace intérieur, ils ne peuvent l'envahir ni me le dérober. Ils sont capables de me tuer mais jamais ils ne pénétreront dans cet espace de liberté ». Tout est dit.

Exercice du mois : la grande sphère et le visage d'autrui

- Contemplez un ciel étoilé, le soir. En ce moment, il se trouve à l'extérieur de vous, car vous vous prenez pour votre corps. Changez maintenant d'optique en vous identifiant à votre conscience et à son contenu : la voûte céleste qui s'étend à l'infini. Elle se trouve en réalité *en* vous, *dans* votre esprit. Ressentez l'impression de dilatation provoquée par ce basculement.

- Face à autrui, refaites le même exercice et constatez que vous n'englobez que son paraître et non son être profond, que ce qu'il veut bien vous montrer et vous dire. Son intériorité et son propre point de vue sur le monde vous échappent irrémédiablement : vous ne pouvez pas squatter sa source de conscience d'où il dirige lui-même sa propre manifestation.

Se dilater : et si j'étais une grande sphère qui contenait tout ?

Représente-toi sans cesse le monde comme un être unique.
Considère comment tout se rapporte à une seule faculté de sentir
et de quelle façon les choses sont liées ensemble.

Marc-Aurèle

L'univers apparaît comme un être sensible et intelligent et votre conscience peut se le représenter en le contenant.

On ne peut trouver les limites de l'âme, quelque chemin qu'on emprunte,
tellement est profond le génie qui l'habite.

Héraclite

Ma source de conscience peut embrasser tout l'univers qui devient alors mon « grand corps ». Essayez quelques instants de ne plus vous identifier à votre corps physique pour habiter le grand corps cosmique de vos perceptions.

Par l'espace, l'univers me comprend et m'engloutit comme un point ; par la pensée, je le comprends.

Blaise Pascal

Quels sont ces deux « je », celui qui est englobé par l'univers et celui qui l'englobe ?
Le premier s'identifie au corps et le second est le « moi pensant ». Prenez conscience de leur différence !

L'âme est composée de toutes choses parce qu'elle a la possibilité de connaître toutes choses.

Maître Eckhart

Votre esprit peut prendre momentanément la forme de toutes les choses dont il a conscience.

Où cours-tu ? Ne sais-tu pas que le ciel est en toi ?

Angelus Silesius

Vous courez et vous vous stressez parce que vous vous identifiez à une petite partie de vous-même : votre corps.
Mais en fait, tout est en vous. Inutile de vous agiter !

L'espace n'est pas un concept empirique, dérivé d'expériences extérieures. Pour que je puisse me représenter les choses à côté les unes des autres, placées en des lieux différents, il faut que la représentation de l'espace soit déjà posée comme fondement en moi. Il est impossible de se représenter qu'il n'y ait pas d'espace.

Emmanuel Kant

L'espace et le temps existent en vous, avant toute perception. Réalisez que ce n'est pas vous qui êtes dans l'espace mais l'espace qui se trouve en vous. Que se passe-t-il ? À ce moment-là, vous identifiez-vous encore à votre corps ?

Mon corps est plus dans mon âme que mon âme n'est dans mon corps.

Maître Eckhart

Pouvez-vous vivre ce renversement de situation ? Qu'est-ce que l'âme ici ?

La vie et la mort, la souffrance et la joie, les ampoules des pieds meurtris, le jasmin derrière la maison, les persécutions, les atrocités sans nombre, tout, tout est en moi et forme un ensemble puissant ; je l'accepte comme une totalité indivisible.

Etty Hillesum

Percevez ces réalités que votre conscience porte en elle et qui forment un tout. Quel tout ?

Vivre ensemble : qu'est-ce qu'un citoyen du monde ?

Nous sommes nés pour coopérer les uns avec les autres, comme les pieds, les mains, les paupières. Se comporter en adversaire est donc contre nature.

Marc-Aurèle

L'humanité forme un grand corps dont les parties sont complémentaires. Prenez-en conscience. L'autre homme n'est pas votre adversaire mais votre complément.

Ce qui n'est pas utile à l'essaim n'est pas utile à l'abeille non plus.

Marc-Aurèle

Quelles sont les conséquences de cette affirmation sur notre manière d'agir ? Ne faut-il pas toujours prendre en compte le bien commun ? Ce bien commun est-il toujours meilleur que notre bien individuel ?

La pensée est la plus haute vertu. Elle est commune à tous.

Héraclite

Pourquoi la pensée est-elle « commune à tous » ? De quel type de pensée s'agit-il ?

Un monde d'êtres raisonnables, considéré comme règne des fins, est possible, et cela par la législation propre de toutes les personnes comme membres.

Emmanuel Kant

Toutes les personnes qui sont des buts en elles-mêmes et qui agissent selon les lois universelles de la raison, sont réunies dans un grand ensemble, le *règne des fins*.

Les enfants de Dieu ne doivent avoir aucune autre patrie ici-bas que l'univers lui-même, avec la totalité des créatures raisonnables qu'il a contenues, contient et contiendra. C'est là la seule cité natale qui a droit à note amour.

Simone Weil

Cette vision-là dissipe toute trace de nationalisme ou de racisme. Êtes-vous capable d'un tel élargissement de conscience ?

Ce n'est pas en arrière que votre noblesse doit regarder, mais au dehors !
Vous devez être des expulsés de toutes les patries et de tous les pays de vos ancêtres.

Friedrich Nietzsche

En quoi la considération du passé nous enchaîne-t-elle à un terroir ? Pourquoi est-ce négatif ?

Ne cesserez-vous jamais le douloureux carnage ?
Ne voyez-vous pas que c'est vous-mêmes que vous égorgez stupidement ?

Empédocle

Porter préjudice à autrui, c'est se faire du mal à soi-même. Pourquoi ?

Cultiver son jardin secret : comment échapper à la globalisation ?

Il est impossible de se faire une idée de la totalité humaine car les hommes ont une vie intérieure fermée à celui qui, cependant, saisit les mouvements globaux des groupes humains.

Emmanuel Levinas

Vous disposez d'une « citadelle intérieure » que personne ni aucun système totalitaire ne peut vous enlever et d'où vous pouvez voir sans être vu.

L'ordre donné par la nature est toujours bon pour l'espèce mais souvent tragique pour l'individu qui y obéit. La guerre est excellente pour l'espèce, elle trie les meilleurs reproducteurs. La nécessité de durer éternellement est la justification de l'espèce ; connaître la plénitude, c'est la justification de l'individu.

Philippe Val

Deux logiques s'opposent : celle de l'espèce et celle de l'individu. En quoi s'affrontent-elles ?

Lorsque le lecteur de Montaigne qu'est Descartes affirme le fameux « je pense donc je suis », il veut dire, entre beaucoup d'autres choses : je me pense définitivement comme un individu autonome, affranchi de l'identité totalitaire du groupe.

Philippe Val

Notre autonomie par rapport au groupe s'enracine dans la conscience de soi.

Là où finit l'État, là seulement commence l'homme qui n'est pas superflu.

Friedrich Nietzsche

De quel homme s'agit-il ici ? De l'homme défini par sa fonction, travailleur ou client ?

Le monde est indépendant de ma volonté.

Ludwig Wittgenstein

Tout n'est pas englobé par le moi ni soumis à mon bon plaisir. Pour comprendre cela, il suffit de poser un jugement d'existence : ceci est (indépendamment de moi). Cette constatation invite à l'humilité.

Autrui déborde absolument toute idée que je peux avoir de lui.

Emmanuel Levinas

Autrui aussi est doté d'une intériorité. Il échappe en profondeur à la « grande sphère » de votre conscience qui ne contient que son aspect extérieur. Il est toujours PLUS que tout ce que vous pouvez savoir de lui : il vous transcende.

Mon Royaume n'est pas de ce monde.

Jésus de Nazareth

Jésus distingue clairement les pouvoirs temporels (État) et la communauté spirituelle. A-t-il été suivi ?

Rechercher le bien :
dois-je me laisser guider par la seule raison ?

Dis-toi souvent à toi-même : je suis membre du corps des êtres raisonnables.

Marc-Aurèle

Pourquoi devrais-je me répéter cela ?

Agis d'après une maxime telle que tu puisses toujours vouloir qu'elle soit une loi universelle.

Emmanuel Kant

Telle est la formulation du célèbre impératif catégorique qui demande de ne se baser que sur les lois de la raison. Trouvez des applications concrètes de cette manière d'agir ! Par exemple, est-il bon de réprimander un enfant insolent ? Justifiez votre réponse selon le critère de Kant.

Puisque j'ai dépossédé la volonté de toutes les impulsions qui pourraient être suscitées en elle par l'idée des résultats dus à l'observation de quelque loi, il ne reste plus que la conformité universelle des actions à la loi en général qui doit seule lui servir de principe.

Emmanuel Kant

Bannir tout intérêt en adoptant seulement le critère d'universalité. Avez-vous déjà agi ainsi ?

Une société dont les membres ne seraient que raisons s'évanouirait comme société. De quoi un être raisonnable pourrait-il parler à un autre être entièrement raisonnable ?

Emmanuel Levinas

Quel est votre idéal de société ? Une communauté d'êtres purement raisonnables (Kant) ou une société d'êtres différents, en dialogue ?

La conscience, c'est l'impossibilité d'envahir la réalité comme une végétation sauvage qui absorbe ou brise ou chasse tout ce qui l'entoure. Voir un visage, c'est déjà entendre : tu ne tueras point.

Emmanuel Levinas

C'est la présence du visage d'autrui qui devrait être à la base de mon élan vers le bien.
Pourquoi ce face-à-face m'interdit-il le meurtre, mieux que toute considération rationnelle ?

Vouliez-vous jamais qu'une même fois revienne deux fois ? Avez-vous jamais dit : « Tu me plais bonheur, moment, clin d'œil ! ». C'est ainsi que vous voudriez que tout revienne. Toute joie veut l'éternité de toute chose.

Friedrich Nietzsche

Le bien réside dans « l'éternel retour » et la question à se poser est donc celle-ci : est-ce que je veux revivre un grand nombre de fois l'événement projeté ou vécu ? Si la réponse est non, il ne faut pas le vouloir ou alors l'oublier au plus vite.

Nous ne pouvons pas décider a priori de ce qu'il y a à faire. Je crois vous l'avoir assez montré en vous parlant de cet élève venu me trouver et qui pouvait s'adresser à toutes les morales, kantiennes ou autres, sans y trouver aucune espèce d'indication ; il était obligé d'inventer sa loi lui-même.

Jean-Paul Sartre

À chacun d'inventer sa propre loi, en âme et conscience et en fonction des circonstances.

Le plus grand philosophe du monde, sur une planche plus large qu'il ne faut, s'il y a au-dessous un précipice, quoique sa raison le convainque de sa sûreté, son imagination prévaudra.

Blaise Pascal

On ne peut se baser que sur la raison, car l'imagination est plus forte qu'elle. C'est donc sur les représentations de notre imagination qu'il faut travailler.

Automne

Vers l'autre : détachement et don de soi

Si je ne réponds que de moi, suis-je encore moi ?
Talmud, *Traité Aboth*

Octobre

Donner son fruit : l'amour du prochain

Octobre : l'arbre donne son fruit à l'homme pour qu'il s'en nourrisse. Imitez-le ! Aimer votre prochain, c'est lui donner votre fruit : le meilleur de vous-même, la fine pointe de votre être. L'amour de don se distingue de l'amour possessif qui consiste à aimer l'autre comme du chocolat, seulement pour votre plaisir, en l'absorbant. Mais impossible d'aimer vraiment autrui si vous vous rejetez vous-même, car vous projetteriez ce dégoût sur lui : on aime son prochain *comme soi-même*. L'amour de l'humanité prend donc sa source en vous, dans l'acceptation de ce que vous êtes, avant de se porter vers une autre personne en chair et en os. Il est en effet trop facile de proclamer qu'on aime les Japonais, de façon globale et abstraite, tout en détestant tel proche ou tel collaborateur. L'amour ne pourra s'étendre à toute l'humanité qu'à partir de cette bienveillance pour le prochain.

Tout amour est *personnel*. Il reconnaît la valeur inestimable de la personne humaine qui est un absolu (Mounier) et une fin en elle-même (Kant).

Pourquoi ? Parce qu'elle est unique au monde et qu'elle n'est pas un objet matériel. Elle est douée d'un esprit libre (Sartre) et ne se réduit ni à un ensemble de qualificatifs (Levinas), ni à une somme d'organes analysables scientifiquement (Heidegger). N'est-elle pas incommensurable ?

Vous découvrirez aussi votre vrai moi : non pas l'ego prédateur s'identifiant à ses pulsions, ni même cette source de conscience qui peut contenir tout l'univers en se détachant du corps, mais le moi *responsable d'autrui,* apte à répondre de lui en se mettant à sa place. Ce moi qui peut dire avec le Christ ou Levinas : tout ce qui arrive au plus petit d'entre les hommes, c'est *à moi* que cela arrive. L'amour se porte en priorité vers le plus démuni : l'affamé, le sans-abri, l'étranger… C'est dans l'acte de prise en charge – de *substitution* – que se situe le sommet de votre humanité.

Exercice du mois : l'analyse de vos amours

Pensez aux personnes que vous aimez et prenez conscience des différentes formes de l'amour : passion amoureuse tissée de sentiments et d'attirance physique ; amour d'amitié ; amour filial, maternel ou paternel ; compassion envers les plus déshérités… Demandez-vous ensuite, dans chaque cas, quelle est la part de possession (je m'aime dans l'autre) et de don (j'aime l'autre pour lui-même, en cherchant son bien à lui). Vous constaterez que ces deux aspects s'entremêlent souvent. Discernez alors celui qui domine.

Reconnaître la valeur de la personne : pourquoi est-elle si précieuse ?

La personne est un absolu à l'égard de toute réalité matérielle ou sociale.

Emmanuel Mounier

Pourquoi la personne humaine est-elle un absolu ?

La nature raisonnable existe comme fin en soi. Agis de telle sorte que tu traites l'humanité aussi bien dans ta personne que dans celle d'autrui toujours en même temps comme une fin et jamais simplement comme un moyen.

Emmanuel Kant

Pourquoi le fait d'être douée de raison rend-elle la personne humaine si précieuse au point d'être un but en soi ?

Tout matérialisme a pour effet de traiter tous les hommes, y compris soi-même, comme des objets, c'est-à-dire comme un ensemble de réactions déterminées que rien ne distingue de l'ensemble des qualités qui constituent une table ou une chaise ou une pierre.

Jean-Paul Sartre

La personne n'est pas un objet matériel. En quoi s'en distingue-t-elle ?

Lorsqu'on nomme quelqu'un « charpentier », on ne le désigne pas en tant qu'homme ou en tant qu'Henri, ni réellement selon son être ; on le nomme selon son travail.

Maître Eckhart

Trop souvent, nous abordons la personne en l'enfermant dans un rôle, en l'étiquetant selon sa fonction. Mais ne dépasse-t-elle pas infiniment toutes ces représentations ? En quoi ?

Que la physiologie et la chimie puissent étudier l'homme comme organisme du point de vue des sciences naturelles ne prouve nullement que dans ce « caractère organique », c'est-à-dire dans le corps expliqué scientifiquement, repose l'essence de l'homme.

Martin Heidegger

L'homme ne se réduit pas à l'analyse scientifique. Qu'est-ce qui en lui échappe à la science ?

Une personne n'est pas la même sous le prétexte qu'elle est née ici et non pas là, tel jour et non le lendemain, qu'elle a le cheveu blond, la dent dure ou la larme facile. Elle est la même parce que, avant toute comparaison, elle est elle-même.

Emmanuel Levinas

Avant d'être français, catholique ou de race blanche, vous êtes *vous-même*, unique et incomparable. Autrui aussi. Quelles sont les conséquences d'une telle prise de conscience ?

N'y aurait-il qu'un seul Allemand respectable, qu'il serait digne d'être défendu contre toute la horde des barbares et que son existence vous enlèverait le droit de déverser votre haine sur un peuple entier.

Etty Hillesum

Méfiez-vous des généralisations abusives ! Une seule personne devrait suffire à corriger l'image que vous avez d'un groupe ou d'un peuple.

L'homme n'est pas le maître de ce qui est. Il est le berger de l'Être. Dans ce moins, l'homme gagne l'essentielle pauvreté du berger dont la dignité repose en ceci : être appelé par l'Être lui-même à la sauvegarde de sa vérité. L'homme se tient dans l'ouverture de l'Être.

Martin Heidegger

La dignité de la personne consiste à veiller sur l'Être, en ne possédant pas les choses, mais en les accueillant dans la richesse de leur révélation, sous leurs multiples aspects. Telle est l'attitude du poète qui habite la « clairière » de l'Être et non ses titres ou ses possessions.

Aimer le prochain : quels sont les signes distinctifs de l'amour ?

Tu aimeras ton prochain comme toi-même.

Jésus de Nazareth

Pour aimer son prochain, il faut d'abord s'aimer soi-même. Demandez-vous si ce qui vous importune dans l'autre ne se trouve pas en vous (soif de domination, d'élocution brillante, de richesses…).

Pressé du désir de la beauté, cet homme divin s'attache aux beaux corps et s'il y rencontre une âme belle et généreuse, cette double beauté le séduit entièrement : il sent affluer les paroles sur la vertu et il entreprend de l'instruire. Par le contact de la beauté, il enfante les choses dont son âme était grosse depuis longtemps.

Platon

La beauté dans l'autre nous pousse à donner le meilleur de nous-mêmes. Vous êtes-vous déjà trouvé dans cette situation ? Qu'avez-vous donné que vous portiez en vous ?

L'amitié n'a pas cette vertu si les deux êtres qui s'aiment, par un usage illégitime de l'affection, croient ne faire qu'un. Il n'y a amitié que là où la distance est conservée et respectée.

Simone Weil

L'amour fusion n'est pas à rechercher. Pourquoi ?

Aimer, ce n'est pas se regarder l'un l'autre, c'est regarder dans la même direction.

Antoine de Saint-Exupéry

Pour s'aimer, est-il vraiment nécessaire de « regarder dans la même direction » ?

Ceux qui souhaitent le bien à leurs amis pour l'amour de ces derniers sont des amis par excellence. Toute amitié en effet a pour source le bien.

Aristote

Évoquez une situation où vous avez vraiment voulu le bien de l'autre avant de penser à vous.

Je tiens comme principe des principes qu'il faut chercher le bien, c'est-à-dire présupposer le bien. Celui qui attend le plus de l'homme est le mieux servi.

Alain

Quelles sont les implications de ce principe dans l'éducation ?

Au-dessus de la connaissance et de l'amour est la miséricorde.

Maître Eckhart

La miséricorde est la valeur la plus haute : l'amour suppose le pardon.

Si un ami te fait du mal, dis-lui : « Je te pardonne ce que tu m'as fait, mais que tu te le sois fait à toi, comment saurais-je pardonner cela ? » Ainsi parle le grand amour : il surmonte même le pardon et la pitié.

Friedrich Nietzsche

Aimer ne consiste pas à tout pardonner, pour le bien de l'autre !

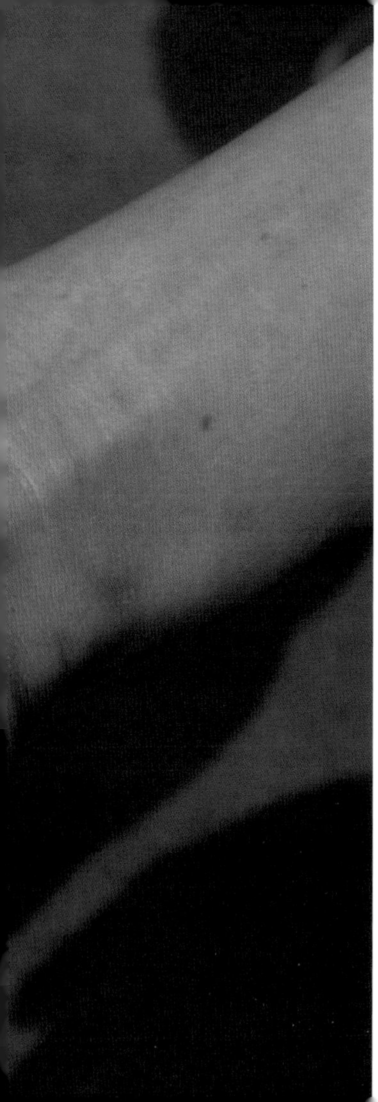

Donner : qu'est-ce que le don véritable ?

Est bon ce qui se communique.

Maître Eckhart

Ce qui ne peut se donner n'est pas bon. Est-ce vrai ?

En aidant quelqu'un, ne cherche pas à en tirer profit mais passe à un autre bienfait comme la vigne qui, la saison venue, produit à nouveau du raisin.

Marc-Aurèle

Êtes-vous capable d'adopter ce comportement ?

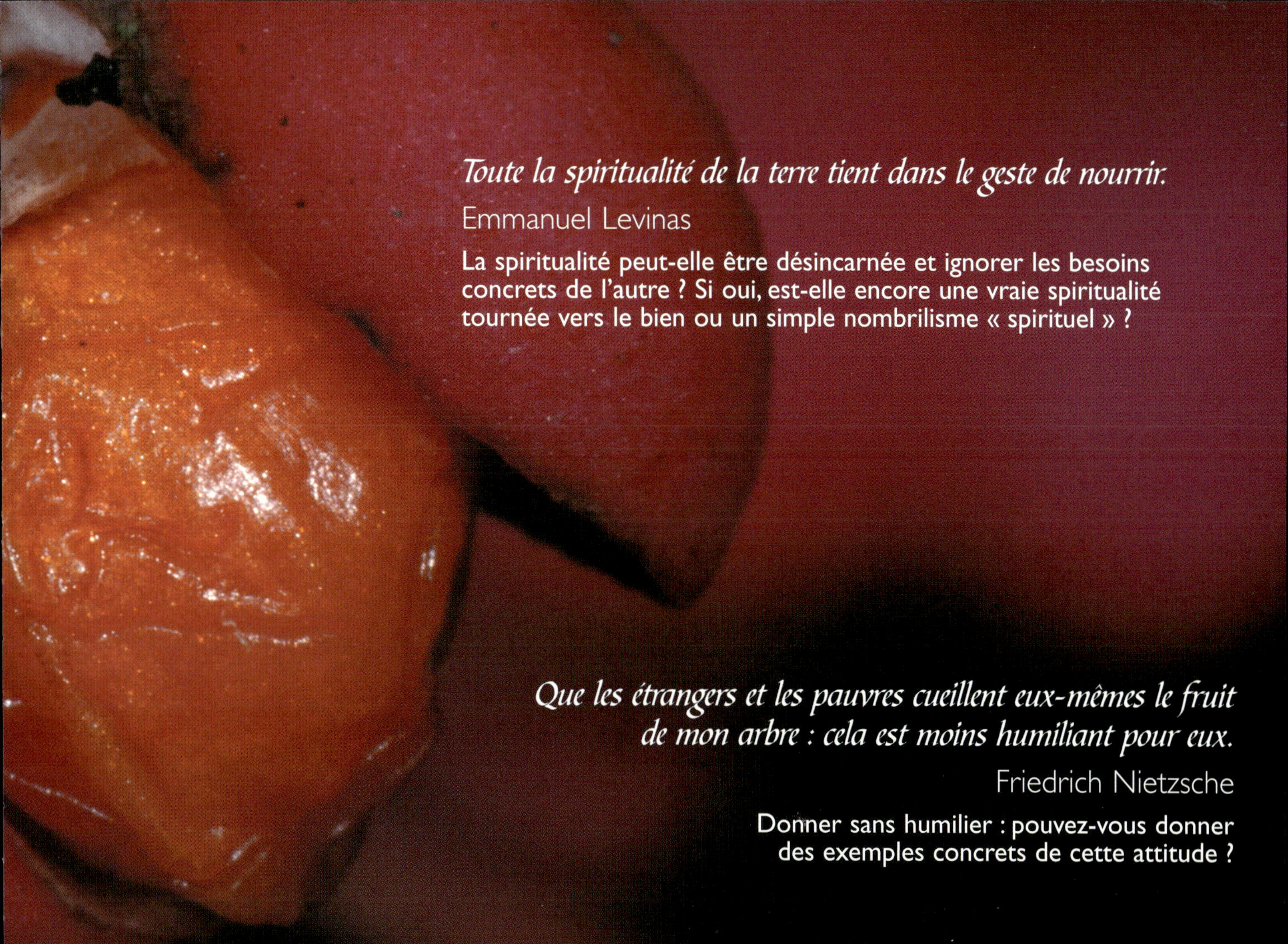

Toute la spiritualité de la terre tient dans le geste de nourrir.

Emmanuel Levinas

La spiritualité peut-elle être désincarnée et ignorer les besoins concrets de l'autre ? Si oui, est-elle encore une vraie spiritualité tournée vers le bien ou un simple nombrilisme « spirituel » ?

Que les étrangers et les pauvres cueillent eux-mêmes le fruit de mon arbre : cela est moins humiliant pour eux.

Friedrich Nietzsche

Donner sans humilier : pouvez-vous donner des exemples concrets de cette attitude ?

L'amitié exige du temps et des habitudes communes.

Aristote

Le temps partagé avec des amis n'est-il pas essentiel ? Avant quelles autres choses passe-t-il et pourquoi ?

Si tu ne te donnes pas toi-même, tu n'as rien donné.

Angelus Silesius

Que veut dire « se donner soi-même » ?

Pourquoi prendre un ami ? Afin d'avoir pour qui mourir, d'avoir qui suivre en exil, de qui sauver les jours, s'il le faut, aux dépens des miens.

Sénèque

L'amitié véritable suppose le don total de soi. Éprouvez-vous une telle amitié ?

Être soi-même : suis-je autosuffisant ou voué à l'autre ?

Nous appelons libre celui qui est à lui-même sa propre fin et n'existe pas pour un autre.

Aristote

La liberté est ici première : elle équivaut à l'indépendance du moi par rapport aux autres.
Cette phrase est-elle en contradiction avec le dévouement pour autrui ?
La liberté est-elle incompatible avec la prise en charge de l'autre ?

Nous sommes nés les uns pour les autres.

Marc-Aurèle

Pouvez-vous, dans ce cas, rechercher l'autosuffisance, l'indépendance totale ?

Oui, ce moi affirme le plus loyalement son être, ce moi qui crée, qui veut et qui donne la mesure et la valeur des choses.

Friedrich Nietzsche

Pour Nietzsche, ce moi qui s'affirme par la volonté créatrice est positif. Cette valorisation du moi n'est-elle pas l'une des valeurs essentielles de notre société actuelle ? Mais s'agit-il du « moi volontaire » de Nietzsche ou du « moi pulsionnel », soumis à ses penchants ?

*Le moi est haïssable : il est injuste en soi, en ce qu'il se fait le centre de tout ;
il est incommode aux autres en ce qu'il veut les asservir.*

Blaise Pascal

Quel moi aimer et quel moi détester ? Posez-vous la question pour vous !

*Le visage, dans sa droiture, est ce qui est visé, « à bout portant », par la mort.
La crainte de la mort de l'autre est certainement à la base de la responsabilité pour autrui.*

Emmanuel Levinas

La responsabilité pour autrui se fonde sur la prise de conscience de sa fragilité, de la « nudité de son visage » dirait Levinas. Ressentez-vous parfois cela face à autrui ?

Le lien avec autrui ne se noue que comme responsabilité. Je suis moi dans la seule mesure où je suis responsable. Je puis me substituer à tous mais nul ne peut se substituer à moi.

Emmanuel Levinas

Je suis unique dans la mesure où je ne puis me décharger de ma responsabilité sur autrui. Ma vocation consiste non seulement à lui répondre mais à *répondre de lui*.

Tout ce que vous avez fait au plus petit d'entre les hommes [l'affamé, le sans-logis, l'étranger…], c'est à moi que vous l'avez fait.

Jésus de Nazareth

Levinas aimait citer cette phrase : le moi véritable est celui qui est touché par la misère d'autrui au point de « se substituer » à lui, de se sentir à sa place. Êtes-vous capable d'une telle attitude et de dire pour vous ce qu'affirme ici Jésus ?

L'attention consiste à suspendre sa pensée, à la laisser disponible, vide et pénétrable à l'objet.

Simone Weil

Exercez-vous à développer cette capacité d'attention, notamment en présence d'autrui qui vous sollicite et vous parle. Êtes-vous capable d'être « tout à lui » en étant disponible, sans pensées parasites ?

Novembre

Lâcher prise : l'amour désintéressé de l'humanité

Novembre : la nature se meurt et les feuilles tombent pour former l'humus. Vous entrez dans une période propice à l'humilité et au détachement. Pour Montaigne, vous y parviendrez en pensant à la mort. Cette méditation vous aidera à vous libérer de vos masques et des penchants qui vous enchaînent à l'éphémère. Elle démasquera vos fausses identités en extirpant la vanité qui s'attache à ce qui est vain, donc vide. C'est en méditant sur la mort que vous ferez paradoxalement le plein de vie véritable.

Vous apprendrez aussi à lâcher prise en vous « déposant » au sens où l'on dépose un roi qui se croit tout-puissant et qui veut tout dominer. Ce roi représente votre ego régnant sur ses possessions et défendant bec et ongles son territoire. Vous vaincrez ce rapace en vous comportant de manière désintéressée, par simple devoir (Kant), pour le bien de l'autre (Levinas) ou en ressentant que ce n'est plus vous – votre petit moi – qui intervenez, mais Dieu en vous (Maître Eckhart). Vous renoncez alors aux fruits de l'action.

Agir sans pourquoi devient alors agir sans « pour moi » : pour l'autre, pour Dieu ou par pur respect du Bien universel.

En novembre, l'arbre abandonne ses dernières feuilles à la terre pour qu'elle se renouvelle. De même, vous êtes appelé à donner votre « feuillage » à toute l'humanité pour qu'elle progresse. Mais qu'est-ce que *l'amour d'humanité* ? Comme nous l'avons vu, il s'enracine dans l'amour du prochain sinon il risque de rester abstrait et désincarné. Mais il présuppose aussi cette capacité de *dilater* votre conscience qui se détache de l'ego pulsionnel pour se sentir reliée au tout. Tous les êtres, notamment les plus faibles, font partie de votre « grand Corps » : lorsque l'un d'entre eux souffre, sa douleur se répercute dans ce Corps. Vous devenez la caisse de résonance du monde ou, mieux, son « grand Cœur », comme le dit Etty Hillesum. Cette possibilité d'empathie n'est-elle pas le fondement de l'amour d'humanité ?

Exercice du mois : l'abandon au sol

Allongez-vous et sentez le contact de l'arrière de votre corps avec le sol : talons et sol ; mollets et sol ; fessiers et sol ; dos et sol ; mains et sol ; coudes et sol ; épaules et sol ; arrière du crâne et sol ; tout le corps reposant sur le sol. Vous vous aiderez de la respiration pour mieux ressentir ce contact : à chaque expiration, vous prenez conscience de la partie du corps concernée, comme si elle s'enfonçait dans le sol. Abandonnez-vous à la Terre, cette grande Sphère qui vous prend en charge et qui est aussi un immense foyer d'énergie. Souvenez-vous d'Antée, dans la mythologie grecque, qui retrouvait de nouvelles forces chaque fois qu'il touchait le sol !

Apprendre à mourir : faut-il penser à la mort ?

Philosopher, c'est apprendre à mourir. N'ayons rien si souvent en la teste que la mort. La préméditation de la mort est préméditation de la liberté.

Michel de Montaigne

Qu'emporterez-vous dans votre tombeau ? En quoi la pensée de la mort vous aide-t-elle à être plus libre ?

Meurs avant même que tu ne meurs :
que tu n'aies pas à mourir quand mourir il te faudra !

Angelus Silesius

Que signifie cette « mort » à soi-même pendant la vie ?

En s'occupant de philosophie, on ne fait pas autre chose que de rechercher la mort. Nous voyons en effet que le philosophe s'applique à détacher le plus possible son âme des jouissances corporelles ; or on est mort quand le corps est séparé de l'âme.

Platon

La philosophie nous prépare de notre vivant à la mort parce qu'elle met fin à notre identification au corps en nous recentrant sur l'esprit qui contemple des idées intemporelles.

Nous devons nous comporter comme si nous étions morts, en sorte que ni plaisir ni désagrément ne nous touchent.

Maître Eckhart

En quoi consiste un tel comportement ? Pourquoi devrait-il être recherché ?

Il faut oster le masque aussi bien des choses que des personnes. Osté qu'il sera, nous ne trouverons au-dessous que cette mesme mort. Heureuse la mort, qui oste aux apprests d'un tel équipage !

Michel de Montaigne

En quoi la pensée de la mort vous aide-t-elle à ôter vos masques ? Et ces masques, quels sont-ils ?

Alexandre de Macédoine et son muletier, une fois morts, sont réduits au même point.

Marc-Aurèle

Nous serons tous égaux dans la mort. Quelles sont les conséquences à tirer de cette constatation pour notre vie actuelle ?

Un homme libre n'est pas dirigé par la crainte de la mort mais désire ce qui est bon directement, c'est-à-dire désire agir, vivre, conserver son être. Sa sagesse est une méditation de la vie, non de la mort.

Baruch Spinoza

Penser à la mort vous détourne de la vie et vous entraîne dans le morbide. Méditez sur la vie !

Lâcher prise : qu'est-ce que le détachement ?

Si l'on examine de plus près l'objet et le but de nos actions, on se heurte partout au cher moi. C'est sur lui qu'on s'appuie et non sur le strict commandement du devoir exigeant l'abnégation de soi-même.

Emmanuel Kant

Qui est ce « cher moi » nous éloignant du bien moral ? De quel bois se chauffe-t-il ?

Il faut non pas se poser mais se déposer ; faire un acte de déposition, au sens où l'on parle de rois déposés. Cette déposition de la souveraineté par le moi, c'est la relation sociale avec autrui.

Emmanuel Levinas

Comment voyez-vous cette déposition de la royauté du moi ? Qu'implique-t-elle ?

Celui qui veut recevoir d'en haut doit nécessairement être en bas, en véritable humilité.

Maître Eckhart

Plus je m'abaisse, plus je reçois. Pourquoi ? Qu'est-ce que cette humilité, concrètement ?
Et souvenez-vous que plus un arbre plonge ses racines profondément dans le sol, plus il grandira et s'ouvrira vers le ciel.

Le plus sage des hommes, c'est celui qui a reconnu comme Socrate que sa sagesse n'est rien.

Platon

Pourquoi cet homme-là est-il sage ?

Rien pour moi n'est prématuré ni tardif, de ce qui est pour toi en temps opportun, ô Monde.
Tout est fruit pour moi de ce que produisent tes saisons, ô Nature.

Marc-Aurèle

Qu'y a-t-il à relativiser ? Quel comportement Marc-Aurèle nous invite-t-il à abandonner ?

Ne rien avoir, c'est avoir toutes choses.

Maître Eckhart

Celui qui a renoncé à toute possession possède l'univers entier. Pourquoi ?

Ne vous inquiétez pas pour votre vie de ce que vous mangerez, ni pour votre corps de quoi vous le vêtirez. Regardez les oiseaux du ciel : ils ne sèment ni ne moissonnent et votre Père céleste les nourrit.

Jésus de Nazareth

Pourquoi s'inquiéter de la nourriture ou du vêtement ?
Il faut s'en remettre à Dieu, à cette Intelligence supérieure de l'univers qui pourvoit naturellement à tout.

Nous connaissons peu d'hommes, mais combien de vestes et de culottes. Habillez de votre dernière chemise un épouvantail et tenez-vous sans chemise à côté, qui ne s'empressera de saluer l'épouvantail ?

Henry David Thoreau

Êtes-vous capable de vous libérer des apparences et de voir l'être véritable sous le paraître ?

Agir de manière désintéressée : à quoi dois-je renoncer ?

Détachement des fruits de l'action. Agir non pour un objet mais par une nécessité : je ne peux pas faire autrement.

Simone Weil

D'où vient cette nécessité si elle ne découle pas d'un intérêt pour quelque chose ?

Si tu ne le cherches pas, tu le trouves.

Maître Eckhart

Eckhart fait ici allusion à Dieu. Pourrait-on affirmer cela au sujet d'autres réalités ? N'est-ce pas souvent lorsque nous abandonnons la recherche que la réponse ou l'objet surgissent ?

Le principe du bonheur personnel est le plus condamnable parce qu'il suppose sous la moralité des mobiles qui la minent ; ils comprennent à la fois les motifs qui poussent à la vertu et ceux qui poussent au vice ; ils enseignent seulement à mieux calculer.

Emmanuel Kant

Pourquoi le fait de rechercher votre bonheur personnel n'est-il pas bon moralement ?

Une action accomplie par devoir doit exclure complètement l'influence du désir. Il ne reste rien qui puisse déterminer la volonté, si ce n'est la loi.

Emmanuel Kant

Comment exclure complètement l'influence du désir ?
Qu'est-ce qui vous pousse alors à l'action si vous n'avez plus d'inclinations ni de buts ?

Qui ne hait en soi son amour-propre, et cet instinct qui le porte à se faire Dieu, est bien aveuglé.

Blaise Pascal

L'orgueil nous aveugle ; c'est lui qu'il faut déraciner. Quel est cet aveuglement ?

Voici les phtisiques de l'âme : à peine sont-ils nés qu'ils commencent déjà à mourir, et ils aspirent aux doctrines de la fatigue et de renoncement.

Friedrich Nietzsche

À qui Nietzsche fait-il allusion ? Comment agir de manière juste si l'on renonce au détachement ?

Dieu veut que le temple de l'âme soit vide, afin qu'il n'y ait à l'intérieur rien d'autre que lui seul.

Maître Eckhart

Laisser Dieu être Dieu dans l'âme : tel est l'accomplissement dernier de l'homme pour Maître Eckhart. Il faut donc faire de la place au Très-Haut car il ne peut cohabiter avec le fatras qui nous encombre.

Aimer toute l'humanité : quels sont les fondements de cet amour universel ?

Tu n'aimes pas « les hommes » et à bon droit !
C'est l'humain qu'on doit aimer en l'homme.

Angelus Silesius

Quelle est la différence entre aimer « les hommes » en général et aimer « l'humain » en chaque homme ? Quelle est cette humanité en chacun ?

Ce sont ceux qui sont capables d'amitié qui peuvent aussi s'intéresser de tout leur cœur au sort d'un inconnu. Dans tous les domaines, l'amour n'est réel que dirigé sur un objet particulier. Il devient universel, sans cesser d'être réel, seulement par l'effet de l'analogie et du transfert.

Simone Weil

L'amour de toute l'humanité s'enracine dans l'amour d'une personne concrète, le prochain. Pourquoi ? Et comment s'opère le transfert vers tous les hommes ?

Quand nous disons que l'homme se choisit, nous entendons que chacun d'entre nous se choisit, mais par là nous voulons dire aussi qu'en se choisissant, il choisit tous les hommes.

Jean-Paul Sartre

En me choisissant, je choisis l'humanité en moi et donc tous les hommes qui en font partie.
Je ne puis pas décider d'être moi-même sans vouloir aussi que tous les hommes soient eux-mêmes.

Les hommes ne se conduisent pas ainsi par méchanceté, mais par l'effet du phénomène bien connu qui pousse les poules, quand elles voient une poule blessée parmi elles, à se jeter dessus à coups de bec. Tous les hommes portent en eux cette nature animale.

Simone Weil

Qu'est-ce que cette « animalité » en vous et comment la surmonter ?

Toutes les pensées, si contradictoires soient-elles, proviennent de ce grand cerveau unique, le cerveau de toute l'humanité. Il faut connaître toutes les pensées, s'être senti traversé de toutes les émotions, pour savoir ce qui est sorti de cet immense cerveau, tout ce qui est passé par ce grand cœur.

Etty Hillesum

Vous portez en vous toute l'humanité. Le ressentez-vous et quelle attitude convient-il d'adopter pour cette prise de conscience ?

L'amour peut se définir comme la folie de l'amitié.
Qui peut dire que l'on éprouve cette folie dans un but de profit, par ambition ou vanité ?

Sénèque

L'amour d'humanité suppose un renoncement à tout intérêt : sa flamme nous embrase et nous la communiquons à tous.

Notre amour doit avoir la même étendue à travers tout l'espace, la même égalité
dans toutes les portions de l'espace, que la lumière même du soleil.

Simone Weil

Aimer tous les hommes de manière égale, comme le soleil qui brille sur chacun. Est-ce possible ? Et, si oui, comment ?

La paix ne peut être authentique que si chaque individu fait d'abord la paix en soi-même, extirpe tout sentiment de haine
pour quelque race ou quelque peuple que ce soit, ou bien domine cette haine et la change à la longue en amour.

Etty Hillesum

La paix a sa source en chacun de vous.
Comment changer en vous les représentations négatives envers telle catégorie d'hommes pour transformer votre animosité en bienveillance ?

Décembre

S'intérioriser : l'enracinement dans l'Absolu

Décembre : la nature s'est repliée sur elle-même en abandonnant ses parures. Cette phase de dépouillement est favorable à l'intériorisation, voire à l'élévation vers l'Absolu. Le chrétien chemine vers Noël où Dieu naît en l'homme, dans la crèche de son âme.

Mais au fait, Dieu existe-t-il ? Pour Feuerbach, il n'est qu'une projection des désirs profonds d'un être aspirant à l'immortalité. Marx considère la religion comme « l'opium du peuple » : en faisant miroiter un au-delà enchanteur, elle entraîne la résignation face aux injustices du monde puisque vous serez consolé *post mortem*. Tel n'est pas l'avis de Pascal qui parie sur l'existence du Très-Haut et sur l'immortalité de l'âme car cette foi donne *sens* à la vie et vous incite à bien agir. Pour Einstein, Dieu apparaît comme l'Intelligence de l'univers qui surpasse infiniment la raison du savant. Quant à Levinas, il voit la trace du Divin dans le visage d'autrui, particulièrement dans celui du plus démuni, qui vous attire comme un aimant vers le Bien en mettant votre ego en question pour vous pousser à vous occuper de lui. Dieu ne se trouve pas dans l'extraordinaire ou le surnaturel mais dans la nature ou la présence d'autrui. Il brille dans l'agencement harmonieux d'une fleur ou dans le regard du pauvre sollicitant le don de soi.

L'Absolu se dévoile aussi au plus intime de la personne, dans votre temple intérieur. Tel est le sens du mot « *contemplation* ». Or pour accueillir les beautés de la nature, le visage d'autrui ou les principes universels, ce temple doit être débarrassé de toute la bimbeloterie qui l'a transformé en bazar. Jésus n'a-t-il pas chassé les marchands du temple ? C'est dans le silence que vous serez à même d'écouter la Voix intérieure qui vous guidera sur votre propre Voie. Aristote considère cette vie contemplative comme le bonheur suprême. C'est tout ce que je vous souhaite en ce temps de Noël.

Exercice du mois : les étapes de l'intériorisation et les sept sphères

- *Le corps* : fermez les yeux et commencez par ressentir l'intérieur de votre corps, de bas en haut, en habitant les différentes pièces de votre « maison » : pieds, genoux, bassin, bras, poitrine, tête… Le corps n'est-il pas le temple de l'esprit ?
- *Le souffle* : observez votre respiration aux différents étages, sans la modifier : abdomen, thorax, gorge, nez.
- *L'espace frontal* : plongez-vous dans la luminosité frontale, derrière vos paupières détendues.
- *Le plan mental* : visualisez maintenant au-dessus de vous une sphère rouge dans laquelle vous vous immergez pour la traverser. Poursuivez votre ascension en passant par les sphères de chaque autre couleur de l'arc-en-ciel : orange, jaune verte, bleue, indigo, violette. À la fin, vous revêtirez une sphère blanche, synthèse de toutes les couleurs. Vous inspirerez cette clarté et, sur l'expiration, vous la répandrez dans tout votre être, à tous les niveaux.
- Revenez progressivement vers l'extérieur en passant par l'espace frontal, le souffle et le corps avant d'ouvrir les yeux.

S'intérioriser : comment me retirer dans ma citadelle intérieure ?

Je voudrais te demander de ne pas trop te regarder dans la glace, tête de linotte. Ce doit être affreux d'être une beauté, on est coupée de sa vie intérieure parce qu'aveuglée par cette apparence éclatante.

Etty Hillesum

Voici une pensée bien loin de notre époque qui valorise l'apparence, le « bling bling » ! Êtes-vous préoccupé par votre look ? Et, si oui, cela appauvrit-il votre vie intérieure ?

Te souvenir de la retraite que tu peux trouver dans ce petit champ de ton âme. Nulle part, en effet, l'homme ne trouve de plus calme retraite que dans son âme, surtout s'il possède, en son for intérieur, ces notions sur lesquelles il suffit de se pencher pour atteindre aussitôt une quiétude absolue.

Marc-Aurèle

Quel est ce trésor intérieur de « notions » qui vous permet de parvenir à la sérénité ? Cultivez votre jardin intérieur en y faisant pousser de belles pensées, des fleurs de toutes couleurs !

Le vrai bonheur ne cherche pas à l'extérieur ses éléments : c'est en nous que nous le cultivons.

Sénèque

Le temps et l'espace de votre intériorité diffèrent du temps et de l'espace communs, à l'extérieur.
C'est là que vous vous construisez votre bonheur en créant votre propre monde.

*Ton principe directeur devient inexpugnable lorsque, rassemblé sur lui-même,
il se contente de ne pas faire ce qu'il ne veut pas. Voilà pourquoi c'est une citadelle que l'esprit libéré des passions.*

Marc-Aurèle

Comment procéder pour que l'esprit ressemble à cette « citadelle » ?

L'essentiel n'est point dans les actions, que l'on voit, mais dans ces principes intérieurs des actions, que l'on ne voit pas.

Emmanuel Kant

Il faut travailler sur nos représentations intérieures. Car seule l'intention compte. Pourquoi ?
Partagez-vous cette analyse à l'heure où beaucoup proclament que c'est le résultat qui compte ?

Quand on a une vie intérieure, peu importe, sans doute, de quel côté des grilles d'un camp on se trouve.

Etty Hillesum

En quoi une vie intérieure riche nous aide-t-elle à supporter les pires tourments extérieurs ?

Homme, tu es un charbon, Dieu est ton feu et ta lumière. Tu es noir, ténébreux, glacé, si tu ne reposes en Lui.

Angelus Silesius

En venant habiter en nous, Dieu nous transforme en nous brûlant de son amour : nous devenons des charbons ardents et lumineux.

Contempler :
qu'est-ce que la sagesse contemplative ?

L'esprit est quelque chose de divin en nous : les questions qu'il embrasse sont les plus hautes. La contemplation se suffit à elle-même. Ainsi l'homme doit s'immortaliser et tout faire pour vivre selon la partie la plus noble qui est en lui. Cette vie-là sera aussi la plus heureuse.

Aristote

C'est dans la vie contemplative que réside le bonheur parfait. Mais en quoi consiste cette contemplation ?

Être philosophe ne consiste pas simplement à avoir de subtiles pensées, mais à chérir assez la sagesse pour mener une vie conforme à ses préceptes, une vie de simplicité, d'indépendance, de magnanimité et de confiance.

Henry David Thoreau

La philosophie est avant tout une sagesse pratique et la contemplation doit déboucher sur un mode de vie.

Il n'est pas nécessaire que la méditation nous élève dans des « régions supérieures » ;
il suffit que nous nous arrêtions sur ce qui nous est proche, ici et maintenant.
La pensée méditante exige de nous que nous ne nous fixions pas sur un seul aspect des choses.

Martin Heidegger

En quoi consiste cette « pensée méditante » ? La pratiquez-vous ?

Ressemble à l'arbre que tu aimes, à l'arbre aux larges branches : il écoute silencieux, suspendu à la mer.

Friedrich Nietzsche

Savez-vous imiter cet arbre ? En quoi consiste cette attitude ?

L'observation et la contemplation de la nature sont une sorte d'aliment naturel pour les esprits.
Nous nous redressons, nous nous dilatons, nous regardons d'en haut les choses humaines.

Cicéron

En quoi la contemplation de la nature vous aide-t-elle à vous « redresser », à vous « dilater » ?

J'ai découvert que tout le malheur des hommes vient d'une seule chose, qui est de ne savoir pas demeurer en repos, dans une chambre.

Blaise Pascal

La sagesse et le bonheur ne résident pas dans l'effervescence des actes et des divertissements, source d'*inquiétude*, mais bien dans la tranquillité. Qu'en pensez-vous ?

Le travail préféré de Dieu, qui lui tient tellement à cœur, c'est de pouvoir engendrer son Fils en toi.

Angelus Silesius

Dieu naît en nous pour que nous puissions nous « diviniser ». Tel est le véritable sens de la fête de Noël.

S'interroger sur Dieu : existe-t-il ?

Dieu est mort ! Dieu reste mort ! Et c'est nous qui l'avons tué.
La grandeur de cette action est trop grande pour nous.
Ne faut-il pas devenir Dieu nous-mêmes pour, simplement, avoir l'air dignes d'elle ?

Friedrich Nietzsche

Qui est ce Dieu que nous avons tué ? S'agit-il d'un Dieu transcendant, du tout Autre ? Ou alors de l'étincelle divine en nous ? Ou du Christ ?

L'essence de la foi consiste en ceci : ce que l'homme désire existe ; il désire être immortel, il est donc immortel ; il désire qu'il y ait un être ayant tout pouvoir, un tel être existe donc. L'homme est à lui-même objet sous la forme d'un autre être.

Ludwig Feuerbach

Dieu n'est qu'une projection des aspirations profondes de l'homme. Êtes-vous d'accord ?

La religion est le soupir de la créature accablée, le cœur d'un monde sans cœur comme elle est l'esprit d'un temps sans esprit. Elle est l'opium du peuple.

Karl Marx

De quelle sorte de religiosité s'agit-il ici ? Pourquoi est-elle un opium aliénant ?

Mais votre béatitude ? Pesons le gain et la perte en prenant croix que Dieu est. Estimons ces deux cas : si vous gagnez, vous gagnez tout ; si vous perdez, vous ne perdez rien. Gagez donc qu'il existe, sans hésiter.

Blaise Pascal

Si je parie sur l'existence de Dieu comme sur l'immortalité de l'âme et si j'ai raison, je gagne tout. Si j'ai tort, je ne perds rien. Autant parier que Dieu existe ! Ma vie prend alors sens et j'agirai de manière plus juste s'il existe une vie *post mortem* sur laquelle mes actes auront des répercussions.

Toutes les créatures n'ont pas d'être car leur être dépend de la présence de Dieu.
Si Dieu se détournait de toutes les créatures, elles deviendraient néant.

Maître Eckhart

Dieu est la source de l'être. Si Dieu se retirait, tout s'évanouirait car il donne l'existence à tout ce qui est, comme le soleil éclaire les formes que nous voyons grâce à lui. Pouvez-vous imaginer cela ?

La religiosité du savant réside dans l'étonnement en face de l'harmonie des lois de la nature dans laquelle
se révèle une Raison si supérieure que toutes les pensées ingénieuses des hommes
et leurs agencements ne sont, en comparaison, qu'un reflet tout à fait futile.

Albert Einstein

Dieu est l'Intelligence de l'univers : c'est lui qui a inventé les lois de la nature que le scientifique redécouvre progressivement.

Par le nom de Dieu, j'entends une substance infinie, éternelle, immuable. Or ces avantages sont si grands et si éminents, que plus attentivement je les considère, et moins je me persuade que l'idée que j'en ai puisse tirer son origine de moi seul. Et par conséquent, il faut nécessairement conclure que Dieu existe.

René Descartes

L'Idée de Dieu est trop « grande » pour qu'elle ne provienne que de moi qui suis imparfait : seul un Être parfait a pu la mettre en moi.

C'est certainement une grande gloire pour le créateur que d'avoir mis sur pieds un être capable d'athéisme, un être qui, sans avoir été causa sui, a le regard et la parole indépendants et est chez soi.

Emmanuel Levinas

Paradoxalement, c'est la possibilité de l'athéisme et donc notre liberté de croire ou non en Lui qui manifeste la grandeur de Dieu. Il a préféré créer un homme libre et donc capable de l'aimer plutôt qu'une marionnette docile, totalement programmée.

L'existence du mal ici-bas, loin d'être une preuve contre la réalité de Dieu, est ce qui nous la révèle dans sa vérité. Ou bien Dieu n'est pas tout-puissant, ou bien Il n'est pas absolument bon, ou bien Il ne commande pas partout où il en a le pouvoir.

Simone Weil

Dieu renonce à sa toute puissance pour nous laisser un espace de liberté. Pour Simone Weil, c'est une preuve de son amour.

Entrer en contact avec Dieu : est-ce possible ?

La dimension du divin s'ouvre à partir du visage humain.
C'est là que le Transcendant, infiniment Autre, nous sollicite.
Son épiphanie même consiste à nous solliciter par sa misère
dans le visage de l'étranger, de la veuve et de l'orphelin.

Emmanuel Levinas

Le visage d'autrui est la trace de Dieu. Pourquoi ? Parce qu'il me dépasse en déjouant toutes mes tentatives de l'englober ? Parce qu'il me pousse à faire le bien en suscitant mon amour ?

La circonférence est dans le point, le fruit dans la graine, Dieu, l'Infini,
dans la finitude : sage est celui qui le cherche dans l'univers fini.

Angelus Silesius

On trouve Dieu dans chaque être. Comment est-ce possible que l'Infini soit ainsi dans le fini ?

Comme l'unité est incluse dans chaque nombre, de même Dieu, l'Un, est partout dans les choses.

Angelus Silesius

Dieu est *tout entier* en chaque chose et l'univers se présente comme un *hologramme* divin : le tout est contenu dans chaque partie de la même manière que, pour un chrétien, le Christ est *totalement* présent dans chaque hostie. Quelle conséquence cette vision du monde a-t-elle sur votre approche des êtres ?

Il existe dans l'âme une puissance qui ne touche ni au temps ni à la chair ; elle est absolument spirituelle, s'écoulant de l'esprit et demeurant dans l'esprit. Là, Dieu verdoie et fleurit absolument dans toute la joie et tout l'honneur qu'il est en lui-même.

Maître Eckhart

Quel est ce « lieu » en nous où Dieu peut « verdoyer » ?

« Dieu est miséricordieux » signifie : « Soyez miséricordieux comme lui ». Les attributs de Dieu sont donnés non pas à l'indicatif mais à l'impératif. La connaissance de Dieu nous vient comme un commandement. Connaître Dieu, c'est savoir ce qu'il faut faire.

Emmanuel Levinas

Énumérez toutes les qualités qu'on donne à Dieu (bonté, justice, amour désintéressé…) et mettez-les à l'impératif, pour vous, comme règles de vie.

Je vais t'aider mon Dieu à ne pas t'éteindre en moi [...]. C'est tout ce qu'il nous est possible de sauver en cette époque : un peu de toi en nous, mon Dieu. Peut-être pourrons-nous aussi contribuer à te mettre au jour dans les cœurs martyrisés des autres.

Etty Hillesum

Aider Dieu à ne pas s'éteindre en nous et le rallumer dans le cœur des autres. Comment procéder ?

Entre deux humains qui n'ont pas l'expérience de Dieu, celui qui le nie en est peut-être le plus près.

Simone Weil

Pourquoi l'athée peut-il être plus proche de Dieu que le croyant ? Quelle « vision » de Dieu cette affirmation suppose-t-elle ?

L'heure vient où ce n'est ni sur cette montagne, ni à Jérusalem que vous adorerez le Père.
L'heure vient – et c'est maintenant – où les véritables adorateurs adoreront le Père dans l'esprit et la vérité.

Jésus de Nazareth

La rencontre avec Dieu ne se produit plus dans un lieu sacré, montagne, ville ou chapelle, mais en esprit et en vérité, au plus intime de chacun d'entre nous et dans le visage du plus démuni. Dans ce sens, le christianisme marque une rupture avec l'univers religieux traditionnel : le Christ ne vient pas fonder une institution sacralisée et monolithique. Ce message ne fut-il pas très vite oublié ?

Conclusion :
j'aime, donc je suis

La philosophie prend naissance dans l'étonnement suscitant le questionnement. Même les constatations à première vue les plus banales peuvent être abordées philosophiquement. Exemple : il fait beau aujourd'hui. Qui est ce « il » ? Que veut dire « beau » ? Pourquoi un jour ensoleillé serait-il plus beau qu'une journée de pluie ou de brume ?

Emmanuel Kant se posait trois questions fondamentales : que puis-je connaître ? Que dois-je faire ? Que puis-je espérer ? Il les résumait en une seule : qu'est-ce que l'homme ? En s'appropriant cette interrogation, elle devient : *qui suis-je* ? Au cours de cet ouvrage, trois niveaux du moi sont apparus :

- **L'ego** : il s'identifie au corps et à une toute petite portion de l'être : ses possessions. Il se divise souvent en une foule de petits « moi » éphémères et antagonistes qui éclatent comme des bulles.

- **Le moi « *transcendant* » :** cette source de conscience est à la fois un *point* lorsqu'elle se retire dans son origine et une *sphère* quand elle s'identifie à toutes ses perceptions, au « grand corps » du monde qu'elle contient en elle.

- **Le *moi responsable d'autrui* :** il prend en charge l'humanité et s'identifie notamment aux plus déshérités. Il aime et il donne.

C'est dans l'amour que culmine mon humanité. Alors, avec Etty Hillesum, je fais « jaillir le plus petit acte d'un grand foyer central de disponibilité et d'amour ».

Présentation des philosophes rencontrés

(N.B. : Nous ne citerons que les livres d'où sont tirées les citations.)

Alain (1868 – 1951)
Émile-Auguste Chartier dit Alain enseigne la philosophie, d'abord en province, puis à Paris. Sa pensée se présente comme une éthique de vie et il veut rendre l'homme libre en le délivrant à la fois des tyrannies et de ses folles passions. Livre : *Propos*, Paris, Gallimard, Bibliothèque de la Pléiade, 1956.

Angelus Silesius (1624 – 1677)
Ce poète et théologien allemand se nomme en réalité Johannes Scheffler. Après s'être imprégné de l'œuvre de Maître Eckhart et des mystiques rhénans (Tauler, Suso...), il se convertit au catholicisme et entre dans l'ordre franciscain. Il nous invite à nous dépouiller du « vieil homme » pour nous transfigurer en Dieu et voir le monde dans sa lumière. Livre : *Le Pèlerin chérubinique*, trad. et prés. Camille Jordens, Paris, Albin Michel, col. Spiritualités vivantes, 1994.

Aristote (384 – 322 av. J.-C.)
Élève de Platon et précepteur d'Alexandre le Grand, Aristote réhabilite notre monde. Il refuse la séparation entre une sphère des Idées et le monde sensible : c'est à partir de l'expérience concrète qu'on découvrira des principes universels qu'Aristote nous invite à contempler. Considéré comme l'un des fondateurs des sciences expérimentales, Aristote est aussi un maître de vie. Il nous apprend à vivre *heureux* en exerçant pleinement notre métier d'homme. Livre : *Éthique à Nicomaque*, trad. J. Tricot, Paris, Vrin, 1972.

Augustin saint (354 – 430)
Évêque d'Hippone en Afrique du Nord et père de l'Église, Augustin se convertit au christianisme sous l'impulsion de sa mère. Comme philosophe, il est surtout connu par ses *Confessions* où il inaugure l'analyse de soi dans l'introspection. Il est aussi influencé par le platonisme et le néoplatonisme qu'il introduit dans le christianisme. Livre : *Confessions*, trad. d'Arnauld d'Andilly, Paris, Gallimard, 1993.

Bloom Allan (1930 – 1992)
Cet intellectuel américain, éminent traducteur de Platon et de Rousseau enseigne dans diverses universités des États-Unis et du Canada. Il se distingue par ses critiques virulentes de la pédagogie libérale et de la culture contemporaine. Livre : *L'âme désarmée*, trad. Paul Alexandre, Paris, Julliard, 1987.

Camus Albert (1913 – 1960)
Né en Algérie, cet écrivain français se lance dans le journalisme avant d'émigrer en France où il s'engage dans la Résistance. Rédacteur en chef du Journal *Combat* et Prix Nobel de littérature en 1957, il s'efforce de créer un humanisme désillusionné et plus conscient. Un humanisme qui dépasse l'absurde en nous amenant à vivre une solidarité entre les hommes. Livre : *Le Mythe de Sisyphe*, Paris, Gallimard, 1985.

Cicéron (106 – 43 av. J.-C.)
Consul, il est d'abord un homme politique romain de premier plan en brisant la conjuration de Catilina. Orateur brillant, il cherche dans ses écrits philosophiques à faire la synthèse des différentes écoles de son temps en proposant une morale conforme au bien public. Livre : *Lucullus*, trad. Charles Appuhn, Garnier Flammarion, 1937.

Descartes René (1596 – 1650)
Ce philosophe français est aussi un grand savant et mathématicien. On le considère comme l'un des fondateurs de la méthode scientifique moderne. Grâce à l'expérience du doute radical, il nous apprend à trouver en nous un noyau de certitude à la source de nos pensées qu'il nous aide à clarifier : je pense donc je suis. Texte : *Méditations* métaphysiques in : *Discours de la Méthode suivi des méditations métaphysiques*, Paris, 10/18, 1975.

Eckhart (Maître) (1260 – 1327 apr. J.-C.)
Théologien et mystique allemand, il énoncera dans ses *Sermons* des thèses hardies sur la nature du divin et sur les rapports entre l'homme et Dieu. Son thème de prédilection ? La naissance de Dieu dans l'homme. Il nous apprend à cultiver notre intériorité pour faire pousser la semence divine qui s'y trouve enfouie. Livre : *Sermons,* trad. Jeanne Ancelet-Hustache, Paris, Seuil, 1974.

Empédocle (490 – 435 av. J.-C.)
Cette forte personnalité vit à Agrigente en Sicile où il lutte contre la tyrannie. Pour lui, le monde est régi par l'alternance de deux forces : l'Amour et la Haine. Livre : *De la Nature* in : *Les penseurs grecs avant Socrate*, trad. Jean Voilquin, Garnier-Flammarion, 1964.

Épictète (50 – 125 apr. J.-C.)
Cet esclave affranchi, originaire de Grèce, joue un rôle primordial dans le stoïcisme. Sa pensée est notamment recueillie par Arrien dans le fameux *Manuel*. En délimitant clairement ce qui dépend de nous par rapport à ce qui n'en relève pas, Épictète nous conduit sur les chemins de la vraie liberté en nous apprenant à construire notre « citadelle intérieure ». Grâce à ce travail analytique sur nos représentations, il nous libère de mille tracas inutiles pour nous ouvrir les portes de la sérénité. Livre : *Manuel* in : *Pensées pour moi-même* (Marc Aurèle) *suivies du Manuel d'Épictète*, trad. et prés. Mario Meunier, Paris, Garnier-Flammarion, 1964.

Épicure (341 – 270 av. J.-C.)
Né dans l'île de Samos, Il se rend par la suite à Athènes où il fonde l'école du Jardin. Contrairement aux idées reçues, il ne nous pousse pas à un hédonisme débridé, mais à une vie sobre en recherchant les vrais plaisirs, naturels et nécessaires, et en goûtant l'intensité du présent. Livre : *Lettres, maximes, sentences*, trad. et prés. Jean-François Balaudé, Paris, LGF – Livre de Poche, 1994.

Feuerbach Ludwig (1804 – 1872)
Disciple de Hegel, ce philosophe allemand s'oriente ensuite vers l'athéisme. Pour lui, Dieu n'est que la projection de nos aspirations comme les désirs d'éternité, de toute-puissance, d'amour absolu... Il n'est donc qu'une création fictive de l'homme. Livre : *L'essence du christianisme,* trad. et prés. Philippe Sabot, Paris, Ellipses Marketing, col. Philo-textes, 2001.

Gurdjieff Georges (1866 – 1949)
Né en Arménie, Gurdjieff parcourt le Moyen Orient et l'Asie centrale à la recherche de la Vérité. Il crée sa propre méthode d'éveil. Par un travail en profondeur sur nous-mêmes centré sur l'observation de soi, il nous apprend à dépasser notre condition mortelle d'homme machine en nous forgeant un Moi permanent au-delà des vicissitudes du devenir. Livre : P. D. Ouspensky, *Fragments d'un enseignement inconnu*, Stock, 2003.

Hadot Pierre (né en 1922)
Spécialiste de la philosophie antique et professeur honoraire au Collège de France, Pierre Hadot s'efforce de montrer que la philosophie est un *art de vivre* en renouant avec la tradition des Anciens : elle implique une transformation de soi. Livres : *Qu'est-ce que la philosophie antique ?* Paris, Gallimard, Folio essais, 1995 (Le meilleur ouvrage pour s'initier à la philosophie antique) ; *La philosophie comme manière de vivre*, Paris, Albin Michel, 2001.

Hegel Georg Wilhelm Friedrich (1770 – 1831)
Pour ce philosophe allemand, tout est rationnel et l'histoire apparaît comme la manifestation progressive d'une Raison supérieure. Dans sa *Phénoménologie de l'esprit,* il édifie la synthèse des figures du réel pour atteindre le savoir absolu. Mais Hegel est aussi un éducateur qui nous incite à nous dépasser en sortant de notre cocon. Livres : *Textes pédagogiques,* traduits et présentés par Bernard Bourgeois, Paris, Vrin, 1990 ; *Morceaux choisis,* trad. Henri Lefebvre et Norbert Guterman, Paris, Gallimard, col. Idées. 1969.

Heidegger Martin (1889 – 1976)
Élève et successeur de Husserl à l'université de Fribourg-en-Brisgau, Heidegger veut lutter contre *l'oubli de l'être* caractéristique d'une époque hypnotisée par l'efficacité et les prouesses de la technique. Il distingue la « pensée calculatrice » qui planifie le réel et la « pensée méditative » qui laisse les êtres exister. Heidegger nous invite à prendre le temps d'exister et à regarder le monde sous un autre angle en nous libérant de la spirale de l'affairement pour mettre de la poésie dans notre quotidien. Textes : *Lettre sur l'humanisme* et *Sérénité* in : *Questions III*, trad. Roger Munier et André Préau, Paris, Gallimard, 1980.

Héraclite (576 – 480 av. J.-C.)
Ce penseur présocratique vit à Éphèse, en Asie Mineure. De condition royale, il refuse de s'occuper de politique pour méditer dans la solitude. Il nous aide à prendre conscience du

caractère éphémère des choses autour de nous tout en nous poussant à nous tourner vers une source unique qui gouverne l'écoulement du devenir et qu'il nomme *LOGOS*. Texte : *Fragments* in : *Les penseurs grecs avant Socrate*, trad. Jean Voilquin, Garnier-Flammarion, 1964.

Hillesum Etty (1914 – 1943)
Cette jeune femme juive vit en Hollande, à Amsterdam, où elle écrit son journal intime pendant l'occupation allemande. Elle assiste aux persécutions contre les juifs, avant d'être elle-même déportée au camp de concentration d'Auschwitz où elle meurt. Ses écrits font d'elle un témoin majeur de notre temps. Elle nous apprend à penser et à conserver notre humanité au milieu des pires tourments. Son journal bouleversant nous incite à aimer la vie malgré tout et à porter le monde en nous pour le renouveler. Livre : *Une vie bouleversée*, trad. Philippe Noble, Paris, Seuil, Points, 1995.

Hobbes Thomas (1588 – 1679)
Ce philosophe matérialiste anglais est surtout le théoricien du despotisme. Selon lui, « l'homme est un loup pour l'homme » et il appartient à l'État de le civiliser par un contrat social qu'il lui impose. Livre : *Léviathan*, Paris, Gallimard, Folio, 2000.

Horace (65 – 8 av. J.-C.)
Ce poète latin fréquente les épicuriens et nous invite à vivre dans la simplicité en jouissant pleinement du

présent. D'où sa célèbre formule : *carpe diem* (cueille le jour). Livre : *Œuvres*, trad. François Richard, Garnier Flammarion, 1993.

Husserl Edmund (1859 – 1938)
Husserl enseigne la philosophie à l'Université de Fribourg en Allemagne d'où il sera radié par les nazis, à cause de ses origines juives. Il est le promoteur de la *phénoménologie* qui se définit comme une science des phénomènes, de tout ce qui se donne à notre conscience. Husserl nous aide à découvrir notre « moi pur », ce point source à la racine de notre conscience en nous apprenant à nous détacher de tous ses contenus. Livre : *Méditations cartésiennes*, trad. Gabrielle Peiffer et Emmanuel Levinas, Paris, Vrin, 1969.

Jésus de Nazareth (mort vers l'an 29 de notre ère)
On ne présente plus Jésus, figure centrale du christianisme. Son message principal ? L'amour du prochain, en particulier du plus démuni. Il désacralise les institutions religieuses pour que l'homme adore Dieu « en esprit et en vérité », au plus profond de lui-même et dans le visage d'autrui. Il n'a rien écrit et son enseignement fut recueilli par les quatre évangélistes : Matthieu, Marc, Luc et Jean. Livre : *La Bible de Jérusalem* traduite par l'École biblique de Jérusalem, Paris, Cerf, 1973.

Kant Emmanuel (1724 – 1804)
Ce philosophe allemand passe toute sa vie à Königsberg, en Prusse, où il cherche à répondre à trois questions :

que puis-je connaître ? Que dois-je faire ? Que puis-je espérer ? Dans sa célèbre *Critique de la Raison pure*, il délimite le domaine du savoir en précisant que toute connaissance se construit autour du sujet humain. Il nous apprend à devenir des personnes *autonomes* en nous libérant de nos pulsions égoïstes pour vivre de manière désintéressée, conformément à la pure raison. Livre : *Fondements de la métaphysique des mœurs*, trad. Victor Delbos, Paris, Delagrave, 1979.

Levinas Emmanuel (1905 – 1995)
Né en Lituanie dans la communauté israélite, il émigre en France où il étudie la philosophie. Levinas est le philosophe de l'*Autre*. Il critique les systèmes de pensées qui réduisent l'autre au même dans un tout. Autrui n'est pas réductible à mes visées. Il me parle et transcende toutes mes tentatives d'englobement. Levinas nous apprend à quitter le cocon de notre ego et de ses projections pour nous exposer à la révélation de l'autre. Livres : *Totalité et Infini*, Paris, Le livre de Poche, 1990 ; *Éthique et infini*, Paris, Le Livre de Poche, 1994 ; *Difficile liberté*, Paris, Albin Michel, 1976.

Locke John (1632 – 1704)
Ce penseur anglais participe aussi à la vie politique de son pays qu'il doit quitter à plusieurs reprises. Il est l'un des pères de l'empirisme car, selon lui, toute connaissance vient de l'expérience, l'âme étant une « table rase » à la naissance. Livre : *Essai sur l'entendement humain*, trad. Matthieu Haumesser, Paris, Ellipses, 2004.

Marc-Aurèle (121 – 180 apr. J.-C.)
Empereur romain, il est aussi l'une des figures marquantes de l'école stoïcienne. Il nous enseigne l'art de l'élévation qui nous permet d'élargir notre point de vue en adoptant le « regard de l'aigle » et donc de relativiser bien des choses. Ce philosophe des sommets nous fait sortir de notre vallée de larmes. Livre : *Pensées pour moi-même,* trad. et prés. Mario Meunier, Garnier-Flammarion, 1964.

Marx Karl (1818 – 1883)
Cet intellectuel allemand, qui s'établira à Londres, étudie le droit, l'histoire et la philosophie. Il est le père fondateur du communisme qui se réclame de son matérialisme dialectique. Marx veut transformer radicalement la société et la philosophie sera donc une *pratique* sociale... ou ne sera pas. Livre : *Les thèses sur Feuerbach,* trad. et prés. Georges Labica, Paris, PUF, 1987.

Montaigne (1533 – 1592)
Michel Eyquem naît au château de Montaigne en Dordogne et devient magistrat à Bordeaux où il noue une profonde amitié avec Étienne de la Boétie. Après avoir voyagé en Europe et connu les vicissitudes de son temps, il se retire dans ses terres pour rédiger ses fameux *Essais* où il stigmatise les prétentions de la raison et les excès de l'imagination. En s'analysant, il décrit la condition humaine et il nous propose de vivre sereinement en cultivant notre liberté intérieure. Livre : *Essais,* Paris, Garnier Flammarion, 1969.

Mounier Emmanuel (1905 – 1950)
Fondateur de la revue *Esprit* et du mouvement *personnaliste,* cet intellectuel français dénonce les excès du capitalisme qui exalte les intérêts égoïstes. Il défend le caractère absolu de la personne en s'inspirant à la fois du christianisme et du socialisme. Livre : *L'engagement de la foi,* Paris, Seuil, 1968.

Nietzsche Friedrich (1844 – 1900)
Écrivain et philosophe allemand, Nietzsche veut nous affranchir des idéologies religieuses et de leurs pressions morales qui nous empêchent de vivre pleinement notre vie présente, au nom d'un au-delà illusoire. Ce Dionysos de la philosophie nous incite à vaincre le Grand Dragon du *devoir* imposé de l'extérieur pour *vouloir* être ce que nous sommes en réhabilitant nos désirs authentiques, fruits de notre énergie vitale. Il nous aide ainsi à nous décharger du poids de nos peurs et de nos remords pour façonner notre propre vie, en toute spontanéité. Livre : *Ainsi parlait Zarathoustra*, trad. Henri Albert, Paris, Mercure de France, 1941.

Ovide (43 av. J.-C. – 17 apr. J.-C.)
Ce poète latin qui célèbre l'amour nous apprend aussi à vivre plus sereinement en nous détachant de l'immédiat pour observer le monde d'un point de vue plus élevé. Livre : *Les Métamorphoses*, trad. et prés. Jean-Pierre Néraudeau, Paris, Gallimard, Folio, 1992.

Parménide (544 – 450 av. J.-C.)
Ce penseur grec vit à Élée, au sud de l'Italie. Il compose un célèbre poème où il nous décrit son cheminement vers la révélation de l'Être. Il nous invite à quitter le monde périssable des apparences pour nous élever vers la seule réalité de l'Être qu'il compare à une sphère. Texte : *Poème* in : *Les penseurs grecs avant Socrate*, trad. Jean Voilquin, Garnier-Flammarion 1964.

Pascal Blaise (1623 – 1662)
Inventeur de la première machine à calculer et scientifique de renom, Pascal est aussi un grand écrivain et philosophe français. Dans ses *Pensées,* il nous parle de la « misère de l'homme sans Dieu », oubliant sa nature profonde et sa condition mortelle en se chargeant de multiples fonctions et en se noyant dans le *divertissement.* Préconisant un retour à soi, Pascal nous convie à nous regarder en face et à surmonter la peur de la mort. Livre : *Pensées*, Garnier-Flammarion, 1992.

Platon (428 – 347 av. J.-C.)
Disciple de Socrate, ce géant de la pensée grecque développe par écrit et sous forme de dialogues l'enseignement oral de son maître. Il nous aide à sortir de la caverne obscure de notre ignorance et à nous libérer de nos conditionnements pour vivre dans la lumière solaire du Bien, du Beau et du Vrai. Il nous montre comment mettre plus de clarté dans notre vie en établissant un ordre de priorité entre les différents niveaux de réalité : intelligible, sensible, voire virtuelle aujourd'hui. Livres : *Le Banquet* suivi de *Phèdre*, trad. et notes par Émile Chambry, Garnier-Flammarion,

1964 ; *Apologie de Socrate, Criton, Phédon,* trad. et notes Émile Chambry, Garnier-Flammarion, 1965.

Plotin (IIIe siècle apr. J.-C.)
Figure marquante du néoplatonisme, il se forme en Égypte avant d'accompagner l'empereur Gordien en Perse puis de s'installer à Rome. Dans le sillage de Platon, il cherche à s'élever graduellement vers la source de toute réalité qu'il nomme l'UN. Il nous apprend ici à sculpter notre propre vie et à devenir ce que nous sommes vraiment en nous débarrassant de nos fausses identités qui se sont ajoutées au fil du temps. Livre : *Plotin ou la simplicité du regard* de Pierre Hadot, Gallimard, Folio, 1997.

Pythagore (580 – 500 av. J.-C.)
Philosophe et mathématicien grec bien connu pour son théorème, il vit à Crotone en Italie où il fonde des écoles de sagesse. Il préconise l'examen de conscience pour vivre plus lucidement. Le monde lui apparaît comme un grand être vivant doué d'une âme. Livre : *Les vers dorés de Pythagore*, expliqués et traduits par Fabre d'Olivet, Lausanne, L'Âge d'Homme, col. Delphica, 1991.

Rousseau Jean-Jacques (1712 – 1778)
Né à Genève, il émigre à Paris pour collaborer à l'Encyclopédie de Diderot. Il est considéré comme l'un des pères de la Révolution française grâce au *Contrat social* qu'il publie en 1762. Idéaliste et croyant en la bonté naturelle de l'homme, il veut réformer les institutions qui le corrompent. Il nous invite à suivre notre nature profonde et à nous perfectionner en écoutant la voix de notre conscience. Livre : *Discours sur les sciences et les arts, Discours sur l'origine de l'inégalité, Rêveries du promeneur solitaire*, Paris, Flammarion, 1934.

Sartre Jean-Paul (1905 – 1980)
Écrivain et philosophe français, Sartre s'engage sans relâche contre toutes les formes d'oppression : fascisme, colonialisme, impérialisme… Conscience de la gauche européenne et figure de proue de l'existentialisme athée, il apparaît comme le chantre de la *liberté*. Avec lui, nous apprendrons à nous débarrasser de tout préjugé déterministe et à créer librement notre propre vie. Livre : *L'existentialisme est un humanisme*, Gallimard, Folio, 1996.

Sénèque (4 av. J.-C. – 65 apr. J.-C.)
Ce philosophe stoïcien vit à Rome où il exerce ses talents d'avocat avant de devenir précepteur de l'empereur Néron. Impliqué dans une conjuration contre son ancien élève, ce dernier lui ordonne de se suicider et il meurt stoïquement en s'ouvrant les veines. Sa pensée nous aide à trouver « la tranquillité de l'âme » (titre d'un de ses ouvrages) en surmontant les passions. Livre : *Lettres à Lucilius*, trad. Joseph Baillard et Cyril Morana, Paris, Mille et une Nuits, 2001.

Sextus Empiricus (IIe siècle apr. J.-C.)
Ce philosophe vit à Alexandrie puis à Athènes en exerçant aussi la médecine et l'astronomie. Il est l'une des figures marquantes du *scepticisme* qui propose la suspension de tout jugement pour vivre heureux. Livre : *Esquisses pyrrhoniennes*, trad et prés. Pierre Pellegrin, Paris, Seuil, col. Points, 1997.

Spinoza Baruch (1632 – 1677)
D'origine juive et portugaise, il vit en Hollande et se forme à la culture hébraïque avant de s'initier aux sciences et aux écrits de Descartes. Exclu en 1656 de

la communauté israélite pour son rationalisme, il se consacre au polissage de verres et à la philosophie. Pour lui, le monde est l'expression de la Raison et la sagesse consiste à comprendre l'agencement parfait de la Nature, manifestation de « Dieu ». Livre : *Œuvres complètes*, trad. R. Caillois, M. Frances et R. Misrahi, Paris, Gallimard, Bibliothèque de la Pléiade, 1955.

Thomas d'Aquin saint (1228 – 1274)
Ce théologien et philosophe italien appartient à l'ordre des dominicains. Il est appelé le *Docteur angélique* pour la hauteur de sa pensée et la sainteté de sa vie. À l'époque des cathédrales, il compose un monument de mots, la *Somme théologique*. Inspiré par Aristote, il vise à concilier raison et religion, par exemple en énonçant ses célèbres preuves de l'existence de Dieu. Il est considéré avec saint Augustin comme l'un des pères de la philosophie chrétienne. Livre : *Du Royaume*, trad. Frère Marie Martin Cottier, Paris, Egloff, 1946.

Thoreau Henry David (1817 – 1862)
Ce philosophe américain étudie à Harvard et mène une vie simple, proche de la nature. Il s'oppose à toute forme de guerre ou de violence et n'hésite pas à préconiser la *désobéissance civile* (titre d'un de ses livres) en cas d'abus étatique. Livre : *Walden ou la vie dans les bois*, trad. L. Fabulet, Paris, Gallimard, 1922.

Val Philippe (né en 1952)
Directeur de la publication et de la rédaction de *Charlie-Hebdo*, Philippe Val défend l'épanouissement individuel face à l'implacable loi de l'espèce pour laquelle la personne humaine n'est qu'un moyen de se perpétuer. Il dénonce aussi les admirateurs béats de la nature : elle n'est pas

bonne en elle-même puisque l'homme a dû lutter pour asseoir sa liberté en développant sa conscience réflexive. Livre : *Traité de savoir-survivre par temps obscurs,* Paris, Grasset, 2007.

Weil Simone (1909 – 1943)
Agrégée de philosophie, Simone Weil vit en France avant de s'expatrier à New York, puis à Londres, pour s'opposer au nazisme. Elle se place du côté des plus démunis en partageant leurs conditions de vie, comme ouvrière. D'origine juive, elle poursuit une longue quête mystique qui la rapproche du christianisme, sans toutefois se convertir. Elle nous aide à développer notre *attention* en libérant notre esprit de tout contenu parasite pour accueillir l'hôte de notre perception, que ce soit la parole d'autrui, un beau paysage ou un savoir à connaître. Livre : *Attente de Dieu,* Fayard, 1985.

Wittgenstein Ludwig (1889 – 1951)
Ce penseur anglais d'origine autrichienne exerce divers métiers avant de professer à Cambridge. C'est durant la Première Guerre mondiale où il est mobilisé qu'il rédige son célèbre *Tractatus.* Il s'intéresse aux fondements et à la structure du langage en créant une philosophie analytique qu'il considère comme absolument vraie. Il nous aide à clarifier nos pensées et à nous en tenir aux faits. Livre : *Tractatus logico-philosophicus,* trad. Pierre Klossowski, Paris, Gallimard, col. Idées, 1961.

Présentation des auteurs

Jacques de Coulon

Jacques de Coulon s'est formé notamment auprès d'Emmanuel Levinas ; il s'intéresse aussi bien aux sagesses occidentales qu'aux traditions orientales. Il a pour désir constant de démontrer que l'aspect théorique de toute grande philosophie revêt une dimension pratique et concrète, propice à la formation et à la transformation de soi. Proviseur, président du Conseil de l'éducation, puis recteur du Collège Saint-Michel à Fribourg en Suisse, il est avant tout passionné de philosophie et fin pédagogue ; c'est pourquoi, aujourd'hui, il a choisi de revenir à ses « premières amours » : l'enseignement de cette discipline. Il est l'auteur de plusieurs ouvrages sur l'éducation comme *Des enfants qui réussissent* (avec Micheline Flak), *Clés pour apprendre*, *Les enfants du Veau d'or* et, plus récemment, d'un livre intitulé *La philosophie pour vivre heureux !* paru aux Éditons Jouvence.

Michel Roggo

Michel Roggo, naturaliste dans l'âme, a commencé sa carrière comme conservateur adjoint du Musée d'histoire naturelle de Fribourg (Suisse). En 1987, il devient photographe indépendant ; très vite, il est reconnu internationalement pour ses travaux – notamment sur la faune et les paysages subaquatiques – et collabore avec des magazines de renom comme *Géo, Figaro Magazine, Terre Sauvage* ou *Science*. Il a également travaillé avec WWF International et Canon Europe. Fou de voyage, on lui doit de magnifiques reportages photographiques réalisés, entre autres, en Amazonie, au Kenya, en Alaska ou aux Îles Galapagos. Son regard sur la nature et le monde animal invite à l'étonnement et à la réflexion, sources de toute philosophie.

Achevé d'imprimer sur les presses de l'Imprimerie Darantiere à Dijon-Quetigny
en septembre 2008 - Dépôt légal : septembre 2008 - N° d'impression : 28-1176

Imprimé en France

Dans le cadre de sa politique de développement durable, l'imprimerie Darantiere a été référencée IMPRIM'VERT® par son organisme consulaire de tutelle. Cette marque garantit que l'imprimeur respecte un cycle complet de récupération et de traçabilité de l'ensemble de ses déchets.